本书为2018年河北省教育厅人文社会科学研究重大课题攻关项目"促进、激励高校科研成果转化的体制机制创新研究"（项目编号：ZD201809）研究成果之一；
2018年河北省科技厅科技计划项目"河北省促进供给侧科技创新有效供给重点改革研究"（项目编号：18457623D）研究成果之一。

U0721478

多元视角下旅游产业发展研究

杨莉虹 / 著

吉林人民出版社

图书在版编目 (CIP) 数据

多元视角下旅游产业发展研究 / 杨莉虹著 . —— 长春：
吉林人民出版社 , 2021.6
ISBN 978-7-206-18265-5

Ⅰ . ①多… Ⅱ . ①杨… Ⅲ . ①旅游业发展 – 研究 – 中
国 Ⅳ . ① F592.3

中国版本图书馆 CIP 数据核字 (2021) 第 137687 号

多元视角下旅游产业发展研究

DUOYUAN SHIJIAO XIA LÜYOU CHANYE FAZHAN YANJIU

著　　者：杨莉虹
责任编辑：赵梁爽　　　　　　　　　　封面设计：吕荣华
吉林人民出版社出版 发行（长春市人民大街 7548 号）　邮政编码：130022
印　　刷：三河市华晨印务有限公司
开　　本：710mm×1000mm　　1/16
印　　张：12　　　　　　　　　字　　数：220 千字
标准书号：ISBN 978-7-206-18265-5
版　　次：2021 年 6 月第 1 版　　印　　次：2021 年 6 月第 1 次印刷
定　　价：65.00 元

如发现印装质量问题，影响阅读，请与印刷厂联系调换。

前　言

随着我国社会经济的不断进步，我国的旅游产业也进入了一个飞速发展的阶段，旅游经济总量持续攀升，旅游综合效应日益增强。我国旅游产业的发展，已经成为旅游行业和旅游理论研究者的热门话题，应同当下的众多因素相结合，利用旅游产业集群演化机制，使旅游产业同文化产业相融合，创建区域旅游低碳创新模式，实现旅游产业的可持续性发展。

我国当前的旅游产业发展空前火爆，在满足人们日益增长的消费需求的同时，也为国家 GDP 的增长做出了巨大贡献。为此，我们必须要解决旅游产业发展中存在的问题，让旅游同文化资源、信息技术等相融合，构建旅游产业化集群发展模式，推动移动电商、移动支付等在旅游产业中的应用，促进国内旅游产业的升级，将旅游产业建设成为我国国民经济发展的重要支柱产业。

本书共分为八章：第一章简述了旅游和旅游产业的相关概念，突出了旅游产业的重要性；第二章对旅游产业升级的内涵及指标测算进行了探究，分析了旅游产业升级的潜力、结构、规模等；第三章主要探讨了旅游产业集群的演化，有利于促进旅游产业集群的快速发展；第四章结合实际案例分析了当代区域低碳旅游发展的新模式，以更好地将低碳旅游模式在全国范围内推广；第五章将旅游产业同文化产业相融合，并分析了融合的动力和手段，在将民族文化进一步推广的同时，带动了旅游产业的进步；第六章、第七章和第八章分别分析了信息技术、移动支付、移动电商对旅游产业发展的影响，能够增强人们对高新科技的认识，从而更好地应用信息技术、移动支付、移动电商推进旅游产业的持续性发展。

　　本书结构合理，内容连贯，可读性强，从多元角度分析了旅游产业的发展境况，适宜旅游产业开发者和旅游爱好者阅读，对构建新时期旅游产业具有一定的借鉴作用。

　　在本书的写作过程中，笔者借鉴了很多专家和学者的资料与成果，在此对他们表示衷心的感谢。但由于时间短，水平有限，书中难免会存在很多不足之处，希望能得到广大读者、专家的批评和指正并提出宝贵的意见与建议。

杨莉虹

2021 年 5 月

目　录

第一章　旅游与旅游产业

　　旅游是一项内容丰富、形式多样、涉及面极广的社会经济现象，是人们观赏自然风景和人文景观的旅行游览活动。旅游的出现带动了旅游产业的兴起。旅游产业是为旅游者的旅游活动和所需旅游产品提供相关便利服务的相关产业。本章主要分析了旅游的概念和内涵，同时深入剖析了旅游产业的相关内容。

第一节　旅游的概念与内涵

一、旅游的概念

（一）国外关于旅游的定义

　　1811 年英国出版的《牛津词典》将"旅游"定义为："离家远行，又回到家里，在此期间参观游览一个地方或几个地方。"这是对旅游的最早描述。

　　瑞士学者亨泽克尔和克雷夫于 1942 年合著的《普通旅游学纲要》对旅游的定义是："旅游是非定居者的旅行和暂时居留而引起的现象和关系的总和。这些人不会永久居留，而且不从事任何赚钱的活动。"该定义在 20 世纪 70 年代被旅游科学专家国际联合会（IASET）采用，又被称为"艾斯特"定义。这也是目前在旅游学界影响较大的一个定义。

　　英国萨里大学的伯卡特和梅特利克在 1974 年合著的《旅游的过去、现在和未来》中认为："旅游是指人们到其正常工作和生活以外的目的地的临时和短期的运动，以及他们停留在这些目的地上的一切活动。"并且指出："旅游发生在人们前往和逗留在各种旅游地的流动，是人们离开他平时居住和工作的地方，短期暂时前往一个旅游目的地运动和逗留在该地的各种活动。"

　　世界旅游组织在 1980 年马尼拉会议之后，曾提到要用"人员运动"一词取代"旅游"，将其定义为："人们出于非移民及和平的目的，或者出于能够实现经济、社会、文化及精神等方面的个人发展及促进人与人之间的了解与合作等目的而进行的旅行。"

（二）国内学术界关于旅游的定义

《中国百科大辞典》中提出："旅游是人们观赏自然风景和人文景观的旅行游览活动，包含人们旅行游览、观赏风物、增长知识、体育锻炼、度假、疗养、消遣娱乐、探险猎奇、考察研究、宗教朝觐、购物留念、品尝佳肴以及访友等暂时性移居活动。从经济学观点看，是一种新的高级消费形式。"

谢彦君等人提出："旅游是个人以前往异地寻求审美和愉悦为主要目的而度过的一种具有社会、休闲和消费属性的短暂经历。"[①] 该定义强调了四个要点：旅游的根本目的在于寻求审美和愉悦体验；旅游是一种个人体验；空间上的异地性；时间上的暂时性。

魏向东提出："旅游是旅游者在自己可自由支配的时间内，为了满足一定的文化享受目的，如娱乐、保健、求知增加阅历等，通过异地游览的方式所进行的一项文化体验和文化交流活动，并由之而导致的一系列社会反应和社会关系。"[②]

李天元认为："旅游是人们出于移民和就业任职以外的其他原因离开自己的常住地前往异国他乡的旅行和逗留活动，以及由此所引起的现象和关系的总和。"[③]

尽管以上这些定义侧重点有所不同，但都表现出两个共同之处：一是旅游是离开常住地到异地或异国的活动；二是人们前往旅游目的地，在那里作短暂停留的活动。另外，无论从何角度出发，旅游均具有其目的性：或是以休闲、公务或其他为目的，或是以审美、娱乐和社会交往为目的。对绝大多数旅游者而言，外出旅游主要是为了寻求愉悦，因此以审美和愉悦为目的的旅行更贴近现代旅游的实际情况。

通过以上分析，并结合现代旅游发展的客观实际，可以对旅游形成更深的认识，对旅游下定义时应该把握住旅游的三大特征：一是目的性；二是异地性；三是短暂性。

---

① 谢彦君，徐明. 旅游学概论 [M]. 大连：辽宁师范大学出版社，1997.
② 魏向东. 旅游概论 [M]. 北京：中国林业出版社，2000.
③ 李天元. 旅游学概论 [M]. 天津：南开大学出版社，2009.

二、旅游的特征与功能

（一）旅游的特征

旅游以其自身特色从一般的社会活动中脱颖而出，得到了全社会的积极参与。概括地说，旅游具有普及性、地缘性、综合性、文化性、异地性、短暂性和流动性等基本特征。

1. 普及性

第二次世界大战以前，旅游只是少数有闲阶级享受的权利。"二战"以后，特别是 20 世纪 60 年代以后，大众阶层成了旅游队伍的主力，旅游度假成为普通大众都可享有的基本权利。正如世界旅游组织在 1980 年发表的《马尼拉宣言》中明确提出的，旅游也是人类的基本需要之一。

随着国际经济文化交流的发展，各国享受带薪假期的职工不断增多，带薪假期的时间不断延长，旅游逐渐成为一种生活方式，融入了人们的日常生活。例如，英国平均每年外出旅游三次的人数占到全国总人口的一半，法国平均每年外出度假三次的人数占 45%，瑞典更是高达 75%。在经济发达国家，大多数家庭有自己的旅游预算，即使是那些生活并不富裕的家庭也总是精打细算，以便能够保证实现至少一年一次的全家旅游度假计划。

在我国，随着居民收入水平不断提高，人们的闲暇时间增多，已经达到了年人均出行三次的旅游规模。在一些经济发达的城镇和富裕农村，旅游已经成为生活中的重要组成部分。

2. 地缘性

地缘性也称为地域集中性，是指旅游者并非平均分散于世界各地，而是往往集中到某些地区开展活动。旅游的地缘性是由区域旅游表现出来的。在世界旅游的发展中，区域性旅游一直保持着绝对优势。在欧洲，区域性国际旅游者约占 80%，北美与亚太地区约占 50%。

旅游的地缘性在一些主要客源国表现得更为突出：美国与加拿大各自接待对方的旅游者约占其接待入境总人数的 50%；西班牙接待的旅游者中，来自法国、葡萄牙、英国与德国的旅游者达 70% 以上，如果再加上来自荷兰、比利时、意大利与瑞士的旅游者，则超过了 80%。区域性国际旅游出现的原因是多方面的，主要有距离较近、交通便利、签证及旅游手续简便、时间和开销相对较少、文化传统相近和语言障碍少等因素。

在我国入境旅游者中，早期以亚洲地区的客源为主。2006 年和 2007 年，在 16 个主要客源国中，亚洲国家高达 10 个，其中韩国、日本分别居于第一位、第二位。而到了 2014 年，我国入境旅游者则以欧美地区的客源为主，在 10 个主要客源国中，欧美地区国家高达 6 个，其中美国、德国、英国分别居于第一位、第二位、第三位。[①] 这说明我国的入境旅游主要客源国由东方向西方转移，由近程市场向远程市场扩散，由低端市场向高端市场发展。

3. 综合性

在外出期间，旅游者对食、住、行、游、购、娱等方面的服务都有需求，因此必须保质保量地为他们提供餐饮设施、住宿设施、交通设施、景点设施、商场设施、娱乐设施、邮政电信设施、会议设施等。比如，外出旅游的活动形式可以多种多样，如观光、探险、娱乐、探亲访友等，对旅游活动客体内容的要求可能千差万别。另外，旅游资源既有自然的，又有人文的，既有物质的，又有精神的。因此，旅游活动和社会的、经济的、文化的、自然的要素都有联系，涉及经济、社会生活的诸多方面，而多要素构成的复杂关系反映了旅游活动具有综合性的特点。

4. 文化性

旅游活动的目的和形式多种多样，游历名山大川、体验奇风异俗、欣赏音乐舞蹈、品尝美味佳肴、遍访名胜古迹都是人们旅游的目的。旅游者期望在精神和物质两方面都有所收获。个人的兴趣爱好可能不同，但追求精神愉悦、学习文化知识、获得审美享受、寻求自身发展和价值承认却是古今中外旅游者的共同愿望。因此，旅游具有文化享受的特点。

5. 异地性

旅游是旅游者离开常住地，到异国他乡进行的精神文化活动，是一种特殊的生活方式。人们长期在一个地方生活，久而久之，对日常所见的环境就会感到平淡乏味，希望到异地猎奇探新，进行文化交流和生活体验，而旅游活动能实现人们的这种需要，异地的自然风光、人文景观、民俗风情可满足他们的愿望。因此，异地性是旅游的特点之一。

---

① 相关数据来源于国家旅游局统计数据。

6. 短暂性

旅游是旅游者在异地短时期的活动，人们离开常住地一段时间又返回常住地，是一种不同于在常住地的活动形式。因此，短暂性是旅游的特点之一。当然，为了统计的需要，有关组织对"暂时"的长短作了规定，如世界旅游组织规定时间不超过一年。

7. 流动性

旅游活动是暂时的异地活动。旅游者从客源地流向旅游目的地，从一个游览地流向另一个游览地，这就决定了旅游活动的流动性。旅游者的流动性构成了对交通的需求，这成为旅游活动的特点。

（二）旅游的功能

旅游是个人以前往异地寻求审美和愉悦为主要目的的旅行，其最根本的特征是异地性和短暂性。旅游活动的本质决定着其功能。旅游功能指的是旅游发展在社会、经济、文化等方面发挥的有利作用，它主要体现在三个方面：文化交流功能、经济功能、教育与情感功能。

1. 文化交流功能

旅游是人员的空间移动，这一过程必然引起文化的交流。人们通过旅游的形式进行交际活动，拉近了社会各阶层及民族之间的距离，使人们消除偏见、增进感情。

人们往往通过旅游来促进各国间的文化交流。旅游史研究已经表明，玄奘取经、鉴真东渡对有关国家文化、科技的交流都起过重要的作用。1274年，意大利人马可·波罗到达元朝大都，在中国游历了十余年，其著作《马可·波罗游记》开阔了欧洲人的地理视野，引起了他们对东方的向往，加强了中西方之间在政治、经济、文化等方面的广泛交流。随着旅游活动的产生和开展，旅游者的生活方式、价值观念也会自然而然地影响旅游接待地，所以旅游目的地的生活观念和生活方式也会有明显的改变。

1980年9月，世界旅游组织一致通过的《马尼拉宣言》指出："旅游在国际关系和寻求和平方面，在促进各国人民之间的相互认识和了解中，是一个积极的现实的因素。"旅游作为人们之间普遍性社会交往的一种活动，不仅有助于增进各国人民之间的相互了解，还有助于加强国家之间友好关系的建立。

2. 经济功能

现代旅游是一种规模大、范围广的活动，涉及众多产业部门和企业。没有它们提供的支持与服务，旅游活动是不容易完成的。产业部门和企业的介入必然促生经济功能。旅游的经济功能主要体现在旅游企业、目的地社区居民的收入等方面。

旅游企业包括旅行社、住宿接待、旅游车船公司、旅游商店、景区景点等。上述旅游企业共同努力，致力于满足旅游者的需求，在向旅游者提供旅游资源、旅游设施和旅游服务的同时，获得了一定的经济效益，自身得以发展壮大。经济功能不仅存在于微观方面，还同样存在于宏观方面。旅游在宏观经济方面主要表现为增加外汇收入、平衡国际收支、回笼资金、扩大就业等。

旅游不仅表现为在国家和区域间收入的重新分配，同时因其劳动密集型服务业的特性，在提供大量就业机会、解决就业问题的同时，还可形成新的社会财富。

3. 教育与情感功能

作为一种特殊的生活方式，旅游可以扩大人们的视野，增添地理、历史、艺术等多方面的知识。"读万卷书，行万里路"，这句广为流传的名言深刻地揭示了旅游在增进学识和才情方面的作用。

始于 15 世纪的地理大发现是人类历史上最了不起的旅行活动。以前的世界基本上处于封闭的状态，新旧大陆之间更是相互隔绝，人们对自己居住地之外的认识少之又少。地理大发现之后，这种状态被打破。地理大发现不仅增加了人们对世界的认识，扩大了人们的视野，还改变了人们的地理观、世界观、宇宙观。此后，地球不再被认为是宇宙的中心，环球航行证实了地球是球形的猜想。

16 世纪中叶，旅游活动在西欧开始出现了新的发展，即以教育和社会认知为主要目的，通过求知旅行，增加对异地风土民情、生活方式及整体组织等方面的了解，从而增长见识。这种教育旅行的真正高潮是在封建社会结束后的 18 世纪，这便是欧洲旅游发展史上有名的"大游学"时代。法国是世界旅游大国，巴黎是世界旅游收入最高的城市，而法国政府非常重视景观资源的教育功能和社会效应，通过普遍降低门票价格的方式，让所有人都享有受教育和受熏陶的机会。法国大多数人文景观对记者、教师、档案员、未成年人、残疾人和失业者等社会特殊群体是免费开放的。

明代地理学家徐霞客根据其三十多年的旅行考察经历著成了《徐霞客游记》。这本书不仅是优秀的旅游文学作品，还是研究区域地理的科学著作，特别是它对石灰岩地质地貌进行了系统研究，在该领域为世界做出了巨大贡献。

旅游是人们到异地"求知、求新、求奇、求异、求乐"的综合性审美活动。当旅游者确定了旅游目的地，准备前行时，往往会查阅相关资料，借此了解目的地的信息，这就是一个自觉的学习过程。到达目的地后，旅游者能更好地领略异国他乡的自然风光，理解文化古迹的历史和内涵，欣赏传统艺术所蕴含的美学价值，体会不同的生活情趣，尽情享受旅游的乐趣，而此过程会使旅游者对于目的地的认识更加丰富和全面。

在旅游过程中，人们还可以受到切合实际的道德教育。旅游活动是一种公共行为，出入公共场所、乘坐车船等都有利于培养人们遵守社会公德，遵守人际交往准则。在这个过程中，人们可以游览祖国的大好河山，欣赏大自然，体会到历史文化的灿烂和现代化建设的成就，从而激发爱国情感和民族自豪感。

三、旅游的要素与类型

（一）旅游的要素

食、住、行、游、购、娱六要素是旅游活动最低层次的需要。离开这些要素就无从谈旅游，它们是旅游活动发展的产物。在我国，有关旅游活动的要素，目前较为流行的有"三体说"和"新六要素说"。

1. 旅游活动的构成要素"三体说"

旅游活动是一种涉及面极其广泛的综合性社会经济、文化活动。旅游活动是由旅游主体、旅游客体、旅游媒体三大要素构成的。

旅游活动的主体是旅游者。旅游者又称游客，是指离开自己的居住地到旅游目的地做访问的人。旅游的发展历史表明，旅游是先有旅游者的活动，然后才有了为旅游者服务的相关从业人员。旅游者是旅游活动的主导性因素，其数量、消费水平、旅游方式是决定旅游业内部各种比例关系及其相互协调性的主要因素。因此，旅游者是旅游活动中最活跃的因素，居于主体地位。

旅游活动的客体是旅游资源。资源是指客观存在于自然环境和人文环境中、能对旅游者产生一定吸引力的事物和现象。在旅游活动的各个构成要素中，旅游资源处于客体或对象的地位。当一个人有了足够用于旅游花费的金钱和时间后，以其娱乐和求知等为旅游目的出发，他首先考虑的必然是去哪个国家或地区才能满足自己的旅游需求。这时，吸引旅游者的决定性因素就是满足其偏好的旅游资源。固然，当一个人准备去某国或某地区旅游时，同时会考虑那里的生活条件和服务设施，但这只是第二位、第三位的需要。那些具有不同民族特色和地域特色的旅游资源没有别的办法可以代替，其观感也不是靠别人的介绍或通过纸上的字画就能真切感受到的，旅游者必须亲临其境才能获得真正的精神满足。因此，旅游资源是旅游活动的客观基础，是一个国家、一个地区招揽客源、开拓市场、发展旅游的重要物质基础和条件。

旅游活动的媒体是旅游业。旅游业是以旅游者为对象，为旅游活动创造便利条件并提供其所需商品和服务的综合性产业。旅游业的范围极为广泛，涉及许多经济部门和非经济部门，其中最直接的就是旅行社、旅游饭店和旅游交通等。旅游业是联系旅游主体和旅游客体的纽带。旅游者对旅游服务的需求主要通过旅游业来提供。在现代大众旅游阶段，几乎没有哪个旅游者不在利用旅游业提供的服务。虽然接受旅游业提供的服务并非旅游者的目的，但旅游业在客源地与目的地之间，以及在旅游动机与旅游目的的实现之间架起了一座便利的桥梁。在已经具备需求条件的前提下，旅游者不必再为旅游过程中可能遇到的各种困难而担心，他们的旅行及在旅游目的地期间的生活和活动都可以由有关企业为他们安排。由于旅游业带来的种种便利，人们的旅游活动的规模越来越大，并且外出旅游的距离也越来越远。

旅游业在推动旅游发展方面的另一作用就是它的组织作用。在供给方面，旅游业需要根据市场的需要组织自己的一系列配套产品。在需求方面，旅游业更是通过各种方式为自己的产品组织客源。从旅游产生之日起，它的组织作用就表现得非常突出，而且正是这种组织作用使旅游业从无到有，并推动了旅游活动的规模发展。总之，旅游活动的三大要素是相互联系、互为制约的，它们共同构成了旅游活动的统一体，其中一个要素的变动必然会引起其他要素的相应变动。例如，旅游者的旅游兴趣和决策直接影响对旅游地的选择；旅游的客流量和流向，以及旅游者的时空变化，会影响旅游地的开发规模、服务设施的规模和档次的需求，还会影响饭店、旅行社、交通运输等旅游媒体的工作；如果旅行社旅游宣传很有特色，旅游地本身也具有吸引力，它就会反过来影响旅客流向和流量的变化，旅游地开发规划、环境保护、旅游媒体的交通运输、服务等就会相应地受到影响。

2.现阶段旅游活动的"新六要素说"

美国学者马斯洛提出了"需求层次理论",认为人们普遍具有五种基本需求,而且是有层次的。[1]他认为,人们一般是按照这样的层次来追求需要的:当低一层次的需求得到满足后,高一层次的需求就变为迫切的主导需要。比照人们旅游活动的需求变化,人们的旅游需要是随着人们的满足程度在不断变化的,旅游活动的"六要素"(食、住、行、游、购、娱)是人们在旅游活动中的最初要求。当旅游者已经体验了旅游活动最基本的过程后,他们必然会提出更高的享受需求。人们已不再满足于以游览、观光为主的旅游活动了,他们会在享受环境、提高审美、体验生活、扩大社交、休闲健身等方面提出新要求。"新六要素"指资源、环境、文化、科技、余暇、金钱,是旅游发展到一定时期的产物。在研究旅游要素的过程中,人们认为"新六要素"在围绕旅游产业基本构成的基础上,又有超越旅游产业构成的成分,从与旅游活动相关的大环境方面分析,除了一些物质的要素之外,也考虑了重要的非物质要素,如文化要素等,是更大范围上的旅游活动要素。

(1)资源是旅游活动之源泉。中华人民共和国国家标准 GB/T 18972—2003《旅游资源分类、调查与评价》将旅游资源定义为"自然界和人类社会凡能对旅游者产生吸引力,可以为旅游业开发利用,并可产生经济效益、社会效益和环境效益的各种事物和因素"。[2]旅游资源是旅游业产生、生存、发展的关键,它与旅游产业是"皮与毛"的关系。旅游资源孕育和维持着旅游业的全部生命,是人类旅游活动、旅游经济的主要源泉。可以说,没有旅游资源就没有人类的旅游活动。

(2)环境是旅游活动之基础。人类的一切活动都是在一定的环境中进行的。旅游环境是以旅游者为中心的,涉及旅游目的地、旅游依托地的,并由自然生态环境和人文生态环境构成的复合环境系统。环境与资源既有同一性,又有差异性。环境是相对人类这个主体的客观对象而言的,而资源是环境中被人类利用的部分。环境是旅游业生存和发展的物质基础。环境对改善旅游产品质量、提高游客在旅游服务中的地位至关重要。同时,合理有效的旅游发展对环境保护有良好的促进作用。

---

① 需求层次理论是亚伯拉罕·马斯洛于 1943 年提出的,其基本内容是将人的需求从低到高依次分为生理需求、安全需求、社交需求、尊重需求和自我实现需求。

② 中华人民共和国国家质量监督检验检疫总局于 2003 年 2 月 24 日发布,并于同年 5 月 1 日实施。

（3）文化是旅游活动之灵魂。一般认为，文化的基本构成有三个层面，即物质文化、制度文化和精神文化：所谓物质文化即文化的物质状态，如建筑、器物等；所谓制度文化即文化的制度状态，如管理规则、行为习惯等；所谓精神文化即文化的精神状态，如观念、意识等。旅游目的地、旅游载体、旅游对象、旅游活动、旅游规划、旅游营销管理、旅游服务等，无不蕴含着这三种文化形态。

文化是旅游成为人类生活方式的根基。旅游需求和旅游活动正是人的精神和文化的高层次需求及其满足，也正是人之自在为人的重要标志。人在受到生理需求压迫的状态下，旅游无从谈起；人在劳心费力受到功利事务压迫的状态下，也无暇顾及旅游。只有在低层次需求已满足的情况下，人才能产生高层次需求。在自由自在地体验与欣赏生活的时候，尤其是在休闲的状态下，人才能进入真正的旅游。这就使旅游本质地与人性高层次需求联系起来，内在地与人的文化本性联系起来，必然地与人的审美活动联系起来，而且最终的走向必定是随着人性需求的提升而由猎奇观光趋向休闲娱乐。可以说，旅游就是人的文化活动，旅游消费是文化消费，旅游服务是文化服务，旅游产业是文化产业。

（4）科技是旅游活动之动力。随着人们迈入知识经济的时代，科学技术早已融入旅游业的方方面面。历史的发展证明，社会生产的每一次飞跃式进步，都是依赖于科学研究的新发现及新技术的应用。新科技革命让人们的一切都在经历重大变革。旅游业作为新兴的产业，也不例外地受到了冲击与影响，而且科学技术正在逐步主导旅游业的发展。国际旅游竞争力一般经历旅游资源竞争、旅游产销竞争、资本实力竞争和创新竞争四个阶段，随着阶段的推进，其对科技的依赖程度越来越高。在经济全球化和知识经济时代，如何利用科学技术增强旅游业的国际竞争力并加快旅游业的发展，是我国旅游业面临的重大战略问题。

（5）余暇是旅游活动之机遇。旅游需求产生的最基本决定变量包括旅游支付能力、充足的空余时间和旅游动机。只有三个变量同时得到满足时，旅游需求才能得以实现。1995年，我国实行"双休日"休息模式后，国内旅游蓬勃发展。这表明有充足且集中的空余时间对旅游市场的变化十分重要。旅游产业作为国民经济新的增长点，就需要将旅游需求尽可能最大化地实现，在更大程度上、更大范围内带动经济增长。因此，更多的市场化旅游需求需要有更多、更长、更集中的余暇时间。我们可以进一步改革劳动用工制度，切实实行带薪休假制度，进一步探究缩短劳动时间、增加余暇时间的有效途径。

（6）金钱是旅游活动之保障。旅游活动也是一种经济活动。人们的旅游活动需要有一定的经济能力作为支撑，特别是现代旅游涉及面广、活动范围大、旅游周期变化快、旅游危机增多，所以具备较强的经济能力是实现旅游的重要保证。

（二）旅游的类型

根据不同的划分标准，旅游可分为以下几种不同的类型。

1. 按地域范围划分

在一个特定的国家里，旅游通常可以分为国际旅游与国内旅游两种类型。

（1）国际旅游。国际旅游可以划分为出境旅游和入境旅游。入境旅游指其他国家和地区的常住居民到某个特定国家进行的旅游；出境旅游指某个特定国家的常住居民到另外一个国家进行的旅游。

（2）国内旅游。国内旅游指某个特定国家的常住居民在本国内部进行的旅游，又可划分为地方性旅游、区域性旅游和全国性旅游。

2. 按旅游规模和人数划分

按参加一次旅游活动的规模和人数划分，旅游活动可分为团队旅游和散客旅游。

（1）团队旅游。团队旅游是由旅行社或旅游中介机构将购买同一旅游路线或旅游项目的 15 名以上（含 15 名）游客组成旅游团队进行集体活动的旅游形式。团队旅游一般以包价形式出现，具有方便、舒适、相对安全、价格便宜等特点，但游客的自由度小。

（2）散客旅游。散客旅游是由旅行社为游客提供一项或多项旅游服务，特点是预定期短、规模小、要求多、变化大、自由度高，但费用较高。

3. 按照组织方式划分

按照组织方式划分，旅游可分为自助旅游与互助旅游。

（1）自助旅游。自助旅游是人们不经过旅行社，完全由自己安排旅游行程，按个人意愿进行活动的旅游形式，如背包旅游。自助旅游的特点是自由、灵活，所有的花费都可依自己的喜好来支配，行程可弹性调整，又可深入了解当地民情风俗。

（2）互助旅游。互助旅游是网络催生的一种旅游模式，以自主、平等、互助为指导思想的一种交友旅游活动。随着互联网技术的发展，互助旅游将成为当今人们主选的旅游模式之一，也是科技时代带给人们的现代社交观念与提升人们生活水平的一种方式。

4. 按旅游的目的与动机划分

按旅游的目的与动机划分，旅游可以划分为观光旅游、度假旅游、探险旅游、商务旅游和文化旅游等几种主要类型。

（1）观光旅游。观光旅游是以到异国他乡观赏自然风光及古今人文景观、体验民俗的形式，以求达到求新、求异、求知、求美的纯消遣型旅游。这是世界上最传统、最普遍的旅游形式。虽说现代旅游的多样性已将公差、商务、会议、教育等活动纳入旅游之列，但任何旅游活动都包含观光的成分。在我国，观光是最基本的旅游形式。观光最直接的作用是赏心悦目。但如果在发展旅游业时只拘泥于观光旅游的传统做法，而忽视内容丰富的多元化旅游项目，势必造成旅游市场的单一化，从而失去活力。我国应该在充实、完善观光旅游的基础上，不断发展多样的旅游形式。

（2）度假旅游。度假旅游指在节假日或带薪假日，出于保持身心健康、排解无聊、调剂生活情趣等原因，到风景区或娱乐场所休闲度假。此类旅游者停留的时间比观光旅游要相对长一些。在旅游大众化、普及化的过程中，度假旅游的悠闲、舒适、愉悦身心的鲜明特点已吸引了越来越多的旅游者。

（3）探险旅游。探险旅游指富有挑战精神的旅游者为寻求刺激，满足其好奇心而外出旅游。这些人多青睐人迹罕至的地方或尚未开发的地方，多选择常人难以接受的旅游活动方式，他们喜欢用攀岩、漂流、横穿沙漠、悬崖跳伞或跳水等刺激性较强的活动方式来挑战自我并寻求成功的喜悦。这些旅游者往往是新旅游点的发现者。

（4）商务旅游。商务类旅游主要是出于职业的需要，以办展览、进行贸易和商务洽谈、出席会议或进行某些科学文化交流为主要目的的旅游项目。这类旅游的特点是在完成公务的同时进行参观游览，其表现形式主要有商务旅游、会议旅游、讲学旅游等，地点一般选择在旅游胜地或文化历史名城。

商务旅游指借到异地经商的余暇之机从事的个人旅游行为。客人在此期间的住店、宴请、社交、游览构成了整个活动的主要组成部分。由于经济全球化的影响，往来于各国、各地之间的商务活动十分频繁。有些人每年平均出游达七八次之多，是国际旅客中重游率最高的人。相对于自费旅游者来说，商务旅游者通常停留时间长，消费水平高，对服务设施和服务质量比较讲究。尽管这些人外出的主要目的是工作，但一般会利用经商之余从事个人旅游消遣。

商务旅游是旅游史上最早的旅游形式，是人类进入文明社会后始终保持良好势头的旅游方式。在现代社会中，商务旅游者是大都市旅游市场的主要客源，占 45% 左右。

（5）文化旅游。文化旅游具有教育、科研和交流的功能。带有专题性质的学习、考察或文化交流等形式的旅游，则更突出表现为文化专业目的。其实，任何旅游形式都具有文化性质。到一个地方去探索那里的文物古迹、民族文化传统，以及艺术、音乐、建筑、教育和科学技术等，有利于开阔眼界、增长知识、交流学术。文化旅游具有新异性、知识性，表现了异质文化的相互影响，反映了现代旅游发展的趋势。

文化旅游因为可以吸引众多游客而早已被国际旅游业界重视。欧洲旅游委员会对 1977 年到美国旅行的人进行调查，结果表明 60% 的旅客是受文化吸引而来的。到我国旅游的海外客人多数也是为了参观文物古迹，深入了解具有东方特色的历史文化。我国比较典型的文化旅游，还包括红色旅游、乡村游、民俗游、文化专题游等特殊形式。

除此之外，按旅行方式划分，旅游可以划分为航空旅游、铁路旅游、汽车旅游、游船旅游和徒步旅游等。按计价方式划分，旅游可以划分为包价旅游、非包价旅游等。按年龄特征划分，旅游可以划分为儿童旅游、青年旅游、中年旅游和老年旅游等。

第二节　旅游产业的概念

一、旅游产业的概念与内涵

旅游产业就是以旅游者为对象，为其旅游活动创造便利条件并提供其所需商品和服务的综合性产业。旅游产业作为一项产业，不像其他产业那样界限分明，但它也是一种客观实际的存在，其产品和产出的构成涉及多种有关产业，这正说明了旅游产业的特点。尽管这些产业或行业的主要业务或产品有所不同，但是涉及旅游方面，都有一个共同之处——便利旅游活动，通过提供各自的产品和服务满足同一旅游者的需要，将其不同产品在总体旅游产品或旅游商品的前提下统一起来。

旅游产业涉及的范围广泛，它不像农业或工业那样是界限分明的独立行业。旅游产业的发展要依赖于诸多条件，例如，旅游资源的开发和利用是其发展的必要条件；旅行社、旅游交通和旅游饭店是旅游产业的重要构成；计划、财政、工业、农业、商业、电信、文教、卫生环境、公安等部门的配合均为旅游产业的发展提供了客观环境。

旅游产业是综合性产业，旅游相关产业均围绕旅游者提供各项服务。对于旅游产业的这两个特征，大多数学者存在共识。旅游产业产生于旅游活动之后，它是人类社会经济发展到一定阶段而出现的一种行业，是为适应旅游活动发展的需要，从满足旅游需求出发而形成的一种为旅游者提供各种服务的特殊行业，它是沟通旅游者与旅游资源的桥梁和纽带。

因此，概括地说，旅游产业是以旅游资源为凭借，以旅游设施为条件，为旅游者提供服务的综合性产业。同其他传统产业的定义相比，旅游产业的定义有两个明显的不同之处：这一定义是需求取向的定义，而非供给取向的定义；旅游产业作为一项产业，其界定标准是其服务对象，而不是业务或产品。

二、旅游产业的性质与特征

（一）旅游产业的性质

在总体的社会经济中，某一经济活动能否被界定为具有产业性质，主要看该经济活动能否形成业务链条或业务体系。如果某项经济活动只由一两项业务构成，一般不能称之为产业。一般而言，旅游产业要具备如下构成：旅游资源、旅游餐饮、旅游住宿、旅游娱乐、旅游文化活动、旅游商贸活动，以及由旅游自身派生出来的旅游交通、旅游信息等。旅游的上述各种业务哪一项单独抽取出来都不能形成产业，但将这些业务集合起来，构成业务链或业务体系，就形成了旅游产业。有必要指出的是，旅游产业的各种业务之间有着一种内在的联系，即在旅游产业的业务链或业务体系中，任何一种业务的缺失都会影响旅游产业的正常存在和发展。

既然旅游是一种产业，那么它的存在和发展就必须遵循产业存在和发展的规律；政府和相关部门就必须制定相应的产业政策。为了促进旅游产业的正常和稳定发展，还需对旅游产业的性质加以探讨。

1. 旅游产业的本质属性是经济性

首先，旅游产业是社会经济发展到一定阶段的产物，是建立在一定的经济发展水平之上的。没有一定的经济发展水平作保证，就不可能产生旅游需求和旅游供给。

其次，旅游产业由各种大小不同、地点不同、性质不同、组织类型不同、服务范围不同、提供服务方式也不同的企业组成。这些企业直接或间接地为旅游者的旅游活动提供产品和服务，在满足旅游者物质文化需要的同时，力图通过经济核算获得最佳经济效益。许多国家已经把旅游产业列为国民经济的一项重要产业，并纳入经济社会发展规划中。

最后，旅游产业是综合性经营的行业，它可以促使和带动与旅游有关的其他经济行业的发展，进而带动地区经济的发展，还可以增加外汇收入，促使货币的回笼。

2. 旅游产业属于第三产业

我国国家统计局结合国际行业分类标准把服务业划归为第三产业。旅游产业是为旅游者完成旅游活动而提供服务的行业，因此它也属于第三产业。第三产业是一个行业众多、范围广泛的为生产和生活服务的部门，它的兴起和发展是社会分工和劳动生产效率提高的必然趋势。旅游产业在第三产业中所占的比重不断提高。旅游产业已成为全球最大的经济行业，它在社会经济活动中扮演着越来越重要的角色。

3. 旅游产业的文化性质

从消费角度来看，旅游消费主要是一种文化性消费，即旅游消费在构成上虽然离不开物质资料，但主要是文化性、精神性资料。旅游者通过支付一定的金钱和时间从事旅游活动，其动机都是获得一种文化享受，满足其较高层次的心理需求。旅游者在食、住、行、游、购、娱等方面的消费，本质上是文化消费，如旅游者欣赏名山大川、了解文物古迹、体验民俗风情、品尝美味佳肴、感受旅游乐趣，都是文化消费行为。旅游产业就是以生产和制造能满足这种旅游消费需要的产品为己任，并通过与旅游消费者的交换而获得经济效益的。旅游经营者向旅游者提供具有一定文化内容的、有特色的产品和优质服务，以满足旅游者的需求，帮助旅游者实现其完美的旅游愿望，同时展现了旅游目的地国家或地区的文化发展水平。因此，旅游产业既是经济产业，又是文化事业，而且对社会文化的发展起着一定的推动与促进作用。在出售"服务"产品的同时，旅游产业要突出文化性，在整个旅游过程中要深入发掘文化内涵，以满足旅游者的物质文化和精神文化需求。

（二）旅游产业的特征

旅游产业作为一种新兴产业，具有许多不同于其他产业的特点。

1. 旅游产业的综合性

旅游产业的产品和服务是众多部门共同作用的产物，是以多种服务表现出来的集合体。旅游产业既涉及国民经济中的一些物质资料生产部门，如轻工业、建筑业等，又涉及一些非物质资料生产部门，如文化、教育、科技、卫生、金融、海关、邮电、园林、宗教等，同时包括一系列旅游企业，如旅行社、旅游饭店、旅游交通、旅游纪念品销售单位等。旅游产业的各个组成部门在不同的地点、以不同的方式向旅游者提供不同性质的服务，它们相互区别、相互独立、相互依存、相互补充，共同满足旅游者的复杂需求，共同保证旅游活动的进行。所以，旅游产业是一个横向联系广、综合性强的新兴行业，具有多层次、多方位、网络状、复杂性的特点。

2. 旅游产业的关联性

旅游产业本身具有较强的关联性，对相邻产业具有依托性和带动作用。旅游产业是依托性很强的产业。旅游产业的发展要以旅游资源作为依托，才能吸引旅游者。旅游产业的发展又以国民经济总体的发达程度为依托，对于接待地而言，其国民经济的发达程度决定了该地发展旅游产业的程度，在一定程度上影响着旅游服务质量。依托性要求有关企业、部门和行业之间必须统筹兼顾、协调发展，否则将会严重影响旅游产业的经济效益、社会效益和环境效益的实现。旅游产业又具有带动作用。旅游产业在自身综合发展的同时，会促进航空、水运、公路、建筑、园林、林业、文化娱乐等事业的发展，还会推动生产、生活综合环境的整体提高。旅游产业能促进地区经济的开放和优化投资环境，这更是各地从实践中总结出来的经验。

3. 旅游产业的脆弱性

与其他经济部门相比，旅游产业更具脆弱性，也就是说，旅游产业对其内外环境因素变化都极为敏感。

从旅游产业的内部环境来看，它由多个部门构成。这些部门之间存在一定的比例关系，它们必须协调发展，其中任何一个部门脱节都会造成整个旅游供给的失调，进而影响旅游产业的经济效益和社会效益。

从旅游产业的外部环境来看，各种自然的、政治的、经济的和社会的因素都可能对旅游产业产生影响，其中有些因素的影响是举足轻重的。例如，自然因素中的地震、恶劣天气、疾病流行（如"非典"疫情影响旅游产业的发展），政治因素中的国家关系恶化、政治动乱、政策变化及恐怖活动、战争等，经济因素中的世界经济危机、某些主要客源国经济衰退、社会时尚的变化等，都会导致旅游产业的停滞。旅游产业的脆弱性告诫人们，如果一个国家或地区的经济过分依赖旅游产业，一旦影响旅游产业的某些因素发生巨大波动，后果将不堪设想。

4. 旅游产业的季节性

季节性是指旅游产业的经营在一年里接待旅游人数有周期性的变化，出现明显的淡旺季。这种变化也反映在每月和每周当中。

旅游产业淡旺季的出现给旅游企业经营带来了很大困难，常常是旺季过旺，人满为患，淡季过淡，设施和人员不能发挥作用。因此，必须采取有效措施解决旅游产业发展中淡旺季出现的问题。

三、旅游产业的地位与作用

（一）旅游产业的地位

旅游产业能够满足人们日益增长的物质和文化需要。通过旅游，人们能在体力上和精神上得到休息，改善健康状况，开阔眼界，增长知识，推动社会生产的发展。旅游产业的发展以整个国民经济发展水平为基础并受其制约，同时直接、间接地促进国民经济有关部门的发展，如推动商业、餐饮服务业、旅馆业、民航、铁路、公路、邮电、日用轻工业、工艺美术业、园林等的发展，并促使这些部门不断改进和完善设施，增加服务项目，提高服务质量。随着社会的发展，旅游产业日益显示出它在国民经济中的重要地位。

（二）旅游产业的作用

1. 动力效应

旅游产业的经济本质是以"游客搬运"为前提的，产生游客在异地（住宅生活区域外）进行终端消费的经济效果。这一搬运把"市场"搬运到目的地，搬运到景区，搬运到商业区，搬运到休闲区，搬运到度假区，搬运到郊区，搬运到乡村。

游客在目的地不仅要进行旅游观光等消费，还涉及交通、饮食、娱乐、游玩、运动、购物等，甚至还可能涉及医疗、保健、美容、养生、养老、会议、展览、祈福、培训、劳动等非旅游休闲的延伸性消费。通过游客的消费，目的地的消费经济及相关产业链发展就被带动起来了。

不仅如此，旅游行业专家林峰还认为，旅游产业的价值要远远超出一般消费产业的拉动价值。旅游产业在带动目的地消费、GDP、就业增长的同时，带来了当地居民收入提高、文化品牌价值、环境生态价值、和谐社会建设等一系列良性社会经济效应。

旅游的"动力效应"来源于"搬运市场"的客观能力，是直接的消费动力。通过搬运，游客产生餐饮、住宿、游乐、购物、会议、养生、运动等综合性、多样化的终端消费，带来"出游型消费经济"，进而整个旅游目的地形成消费经济链及相关产业的聚集，最终带动当地经济社会的全面发展。

旅游能通过搬运将市场需求与市场供给做很好的匹配，因此在资源丰富而市场不足的一些偏远地区，旅游产业的经济带动功能会得到更多的体现，在消除贫困、平衡经济发展方面做出了积极贡献。

旅游属于劳动密集型行业，就业层次多、涉及面广、市场广阔，对整个社会就业具有很大的带动作用。旅游在解决少数民族地区居民、妇女、农民工、下岗职工、大学毕业生首次就业者等特定人群就业方面，发挥了特别重要的作用。旅游产业综合性强、关联度大、产业链长，广泛涉及并交叉渗透到许多相关行业和产业中，如工业、农业、教育、医疗、科技、生态、环境、建筑、海洋等领域，形成了一个广泛的旅游产业群。在这一产业群中，旅游带动其他产业发展，并延伸出了一些新的业态，是产业发展的动力。

2. 价值提升效应

一方面，旅游将消费者带到了原产地，使得产品的销售直接面向市场，节省了中间流通环节上的费用，能够按照市场终端价卖出，从而获得比批发价更高的回报。我们称这一部分价值为终端消费带来的价值提升。另一方面，游客在进行旅游消费的同时，还能够享受到不同于一般购物过程的新型体验和服务，使得产品的最终价格高于一般市场上的价格。我们将高出的这部分价值称作体验性消费带来的附加价值提升。

3. 品牌效应

旅游的品牌效应基本上反映为对城市品牌的宣传与提升作用。城市品牌是一个城市在推广自身形象过程中传递给社会大众的一个核心概念，期望得到社会的认同，即所谓的品牌知名度和美誉度。其中，文化是一个城市或区域发展的根基，是区别于其他城市的差异所在，是城市品牌形象的灵魂。旅游作为一种体验性活动，能够将一个城市的文化遗存、非物质文化遗产、民俗风情转变为吸引物，使游客体验到并迅速传播出去，形成目的地品牌形象。所以，从某种程度上说，旅游形象和城市形象有着共同的目标群体和发展目的。旅游产业可以最大化地释放一个城市或区域的吸引力，并使游客产生感应或共鸣。另外，旅游的外向性和美好性也能提升城市品牌的知名度和美誉度，从而带动整个城市或区域的品牌价值提升，并最终使得城市里的人、商品、资产等的价值得到提升。

第二章　旅游产业升级的
内涵及指标测算

旅游产业在不断的发展中，需要对产业结构进行优化升级，使产业链得到延伸，提升产业效率。在这个过程中，产业的规模会加大，同时产业地位也会不断提高。本章针对旅游产业升级的潜力、结构和规模进行了深入分析，以利于发挥出旅游产业的优势。

第一节　旅游产业升级的概念

一、旅游产业升级的定义

《现代汉语词典》对"升级"的解释是：①等级或班级由低级升到高级；②国际上指战争的规模扩大、事态的紧张程度加深等。升级一般指规模扩大、程度加深、活动加剧等从较低的级别升到较高的级别。因此，"升级"一词其内涵上具有程度上的递进性和时间上的延续性的双重含义。"任何升级都会有一个过程，或长或短，或快或慢，其过程的特点由事物发展的内在因素、外在环境以及历史条件所决定。"①

已有的研究文献指出，旅游产业升级是一个产业结构优化或延伸基础上的产业高级（高度／专业）化的过程；是一个产业链不断延伸和产业效率提升的过程；是一个产业利润提升、就业规模扩大的过程；是一个持续创新和技术要素驱动的过程；是一个产业规模扩大和产业地位提升的过程；是产业优势发挥的一个过程。

因此，在文献述评的基础上，主要基于筱原三代平关于主导产业选择的两大产业基准，即"消费收入弹性基准"和"生产率上升基准"。② 面向旅游战略性支柱产业建设，现将旅游产业升级定义为：旅游产业升级是指在

---

① 文魁.论消费升级的几个核心问题 [J]. 前线，2013（10）：40-42，45.

② 金明善.战后日本产业政策 [M]. 北京：航空工业出版社，1988.

旅游需求拉动和旅游产业融合性供给及开放性的市场经济消费环境的综合作用下，旅游需求潜力不断释放，旅游产业边界不断延伸，旅游产业结构不断优化，旅游产业规模不断扩大，旅游服务生产力及服务价值得到不断凸显和旅游产业效率不断提升的一个基于内在机制的连续的过程，是旅游产业优势的升级。

二、旅游产业升级的内涵

旅游产业升级是一个基于游客需求拉动和释放的过程，是一个旅游产业与相关产业融合发展、产业集聚、结构演变和规模扩张的过程。在这个过程中，旅游产业以旅游需求为吸引力，与众多的产业部门进行融合和产业再造，诞生出了一批新的业态，如休闲产业、商务旅游、生态旅游、红色旅游、乡村民俗旅游、高端旅游、主题旅游、特种旅游、自驾车旅游、科技旅游、滨海旅游、游轮经济、温泉旅游、经济型饭店和度假旅游等，[①] 这些属于旅游产业的延伸层。旅游产业升级同时是一个产业升级内在要素和技术的利用效率不断提升的过程，表现为资本效率下降、劳动效率上升和技术贡献率上升的过程，是一个从传统产业走向现代服务业的质变的升级过程。

旅游产业升级表现为微观的创新、中观的结构和宏观的产业地位。因此，从产业升级的一般规律来看，旅游产业升级首先表现为微观领域的创新；其次表现为中观的产业结构升级；最后表现为旅游产业地位在国民经济与产业序列中地位的提升。旅游产业升级的过程遵循产业经济学中产业发展的一般规律趋势，即随着分工细化，产业在满足需求的同时，产业规模不断扩大，产业技术化程度提高，产业成为国民经济的一个重要组成部分，支撑国民经济的发展。

旅游产业升级的研究基于旅游产业发展的历程和历史阶段，更着眼于旅游战略性支柱产业建设的未来目标。因此，旅游产业升级是旅游产业在国民经济体系产业序列和自身运行质量的一个持续改进和提升的过程，具体来说，是指旅游产业在国民经济中扮演更加重要的角色，占有更大的比例，从一般性的服务业成长为支柱性产业；同时，也是旅游产业运行质量和水平不断提升的过程，旅游产业的投入产出效率得到稳步提高。因此，旅游产业升级既是旅游产业规模扩大、产业地位和产业序列提升的过程，又是旅游产业自身运行效率不断提升的过程。

---

① 　魏小安 . 旅游业态创新与新商机 [M]. 北京：中国旅游出版社，2009.

三、旅游产业升级的特征

旅游产业升级既是一个旅游需求潜力不断释放、旅游产业结构不断优化、旅游经济增长不断提升、旅游产业规模不断扩张的过程，又是一个旅游要素不断投入、要素效率不断提升和全要素效率贡献不断上升的过程。旅游产业升级是一个长期而且连续的过程。在这一过程中，旅游产业升级的特征主要体现在三个方面：一是潜力与规模特征，它是实现旅游产业升级的条件和基础；二是融合与扩展特征，它是实现旅游产业升级的显性途径；三是效率与技术特征，它是实现旅游产业升级的内在要求。

（一）潜力与规模特征

从需求方面来说，旅游产业潜力是实现旅游产业升级的根本支撑，是促进旅游产业规模升级的基础条件和动力因素。只有通过对旅游产业升级的潜力要素和条件的发掘和释放，才能更好地解析旅游产业升级，促进旅游产业的规模化发展，即从一般性的服务产业升级为国民经济的支柱性产业。同时，旅游产业经济服务贸易也将成长为国民经济或区域经济的重要组成部分。旅游产业的潜力与规模特征主要是通过旅游需求的弹性等概念来进行描述和测度的，如旅游消费的收入弹性、旅游产业结构生产力系数和旅游产业规模指数等。

（二）融合与扩展特征

从供给方面来说，旅游产业融合是旅游产业升级的重要途径，促进了旅游产业核心产业、涉旅行业和相关产业的旅游产业化进程，形成了更多的新兴旅游业态，为旅游产业的发展提供了持续的活力，大大地扩展了旅游产业的边界，奠定了旅游产业向"大旅游"和"大产业"的转型基础。旅游产业融合与扩展是旅游需求潜力释放和旅游活动规模化发展背景下旅游产业升级的重要步骤。旅游产业融合的路径也是旅游产业边界扩展的路径，是一种紧密型的旅游产业规模扩张。旅游产业融合与扩展会重新定义旅游产业的边界（如主营业务收入的变化或者有关企业的涉旅业务深度及广度的变化）。旅游产业融合与扩展的特征可以通过诸如旅游产业内生性扩展（如文化旅游产业）和旅游产业外生性扩展（旅游产业对就业的拉动）来实现。

（三）效率与技术特征

旅游产业效率是旅游产业升级的另一个方面，是体现旅游产业适应国民经济整体技术环境和运用现代科学技术提高产业效率的方面。基于旅游产业发展的技术与环境条件，旅游产业的效率升级是旅游产业运行水平和质量的定量描述与评价的重要依据。旅游产业效率升级主要表现为旅游产业运行、要素利用效率和增加值创造性来源从低到高的一个过程，这应该是一个波动发展和持续改进提升的过程。旅游产业效率与技术特征主要体现在资本效率的不断下降、劳动效率的逐步提高、全要素效率（技术贡献）的上升；同时，旅游产业的全要素效率相对国民经济的技术效率有着比较优势。

总之，旅游产业升级是一个连续的、动态的过程，主要体现在以下三个方面：一是旅游产业升级潜力得到有效发挥，结构不断优化，产业规模不断扩大；二是旅游产业效率得到改善，旅游产业服务生产力素质不断提升；三是旅游产业不断在技术创新、民生战略及对外国际贸易进出口等方面取得突破，并获得旅游产业发展的政策及环境保障。同时，旅游产业升级在特定阶段也有其自身的特征。当前，我国旅游产业升级有如下的实践性特征：在产品功能上，从观光升级转向专项度假旅游；在需求上，从单一功能转向多元分散性的功能；在消费上，从低水平消费转向高层次消费；在供给上，从经济型产品转向高附加值产品；在政府管制上，从规划开发及管理转向公共服务；在产业功能上，从经济导向性产业和刺激经济发展的领域转向居民生活的基础性的民生产业。

第二节　旅游产业升级的潜力分析

一、旅游产业升级的潜力

在旅游产业发展潜力内涵研究上，马勇、董观志将特定时段内由区域环境所限制的、社会经济所支持的和旅游资源所能达到的供应极限总量定义为区域持续发展潜力。[①] 杨敏将旅游产业发展潜力定义为旅游产业在发展过程中所体现出的潜在的、在一定要素的刺激下能够发挥出来并能促进旅游产业持续发展的能力。[②] 于秋阳认为："旅游产业发展潜力是指现有的旅游产业

① 马勇，董观志.区域旅游持续发展潜力模型研究[J].旅游学刊，1997（4）：36-40,62.
② 杨敏.青海旅游产业的发展潜力评估[J].统计与决策，2006（14）：102-104.

资源在各种内外环境因素的影响和作用下，逐渐积累而成的一种潜在能力，这一能力是对产业未来的竞争力和发展力的支持与保障，并在一定条件下能够转化为竞争实力和发展力。"[1] 上述学者有关"旅游产业发展潜力"的研究可以归结为"旅游产业潜在的发展能力"。

在旅游需求潜力与旅游供给潜力关系上，冯学钢、王琼英从需求与供给结构方面研究了旅游产业的潜力，其研究发现，旅游产业具有巨大的发展潜力，从短期来看，旅游需求潜力要小于旅游供给潜力，旅游产业潜力受到旅游需求不足的短板制约。未来很长一段时间还需要刺激需求来实现旅游产业更大潜力的挖掘。[2] 这说明旅游产业潜力受旅游需求和旅游供给的影响，并可通过旅游需求的刺激加以挖掘。

就旅游产业发展潜力的影响因素而言，曹辉、陈秋华从旅游资源要素状况、旅游市场状况、相关产业状况、旅游企业状况、外部环境条件、政策保障与支持条件六个方面对福建省乡村旅游产业潜力进行了分析。[3] 杨敏通过因子分析法提取出青海旅游产业发展潜力的主要影响因素为经济发展能力、基础设施和环境保障、旅游市场需求潜力、政府管理能力、文化发展水平及科技创新能力、旅游产业发展状况等。[4] 于秋阳认为，旅游产业发展潜力可以细分为自身成长潜力、市场扩张潜力和可持续发展潜力，具体影响因素有产业规模、结构、集群、创新要素、供给要素、需求要素、制度要素、基础要素和环境要素。[5] 而根据吴玉鸣的研究，我国旅游产业和各省旅游产业的要素（劳动和资本）投入处于规模报酬递增阶段。[6] 这说明我国旅游产业发展潜力受到诸多因素的影响，旅游产业潜力有待积极释放。

此外，还有学者分别就保护区旅游潜力、旅游环境承载力发展潜力、森林旅游资源开发潜力、房车旅游发展潜力、女性旅游市场潜力、滨海旅游城市潜在竞争力、游轮旅游竞争潜力、湿地生态保护区生态旅游发展潜力、

① 于秋阳.旅游产业发展潜力的结构模型及其测度研究[J].华东师范大学学报，2009（5）：114-119.

② 冯学钢，王琼英.中国旅游产业潜力评估模型及实证分析[J].中国管理科学，2009，17（4）：178-184.

③ 曹辉，陈秋华.福建省乡村旅游产业潜力和竞争力分析研究[J].林业经济研究，2007（3）：210-216.

④ 杨敏.青海旅游发展潜力评估[J].统计与决策，2006（14）：102-104.

⑤ 于秋阳.旅游产业发展潜力的结构模型及其测度研究[J].华东师范大学学报，2009，41（5）：114-119.

⑥ 吴玉鸣.中国省域旅游业弹性系数的空间异质性估计——基于地理加权回归模型的实证[J].旅游学刊，2013（2）：35-43.

中小文化旅游城市旅游潜力、冰川旅游发展潜力、游轮旅游经济潜力、体育旅游产业发展潜力、旅游就业潜力和中医旅游资源开发潜力等进行研究。可见，旅游产业潜力渗透到旅游产业融合发展的各领域，既是旅游产业发展活力的体现，也是推动旅游产业发展的内在动力。

从上述已有研究来看，对旅游产业潜力及其在相关领域的概念进行了界定，并对旅游产业潜力的影响因素和潜力大小进行了探讨；多数研究者认同由于旅游产业的综合性特征，旅游产业潜力受到多重因素的影响，且对旅游产业巨大的发展潜力予以充分的肯定；但很少有人专门研究旅游产业潜力释放的表现性问题。

综合起来，旅游产业升级潜力可以定义为：处于特定经济、社会、政治和技术环境的旅游产业在与相关产业及环境互动中所获得的促进旅游产业持续快速发展和规模不断升级的驱动力。旅游产业升级潜力受到多种因素的影响，但主要是受到驱动旅游经济活动发展的国民收入这一因素的影响。旅游产业升级潜力具有外在化的表现特征。也就是说，旅游产业升级潜力能够通过一定途径表现或释放出来，这种外在化的表现或释放是能够观察得到的，并能够加以测量。

二、旅游产业升级的潜力释放

产业潜力是旅游产业升级规模研究的基础。我国旅游产业升级的潜力释放是指能够支撑我国旅游产业持续发展的环境条件和要素及其表现。根据筱原三代平的需求收入弹性原则[①]，同时结合凯恩斯的收入决定消费的理论，来进行旅游产业升级的潜力释放研究。旅游产业发展的潜力释放主要从促进旅游产业发展要素中选择具有典型表现形式、结构和重要驱动力的因素进行分析。因此，旅游产业升级的潜力释放研究主要运用需求收入弹性理论等对旅游需求潜力的释放进行历时性的定量测量和评估，全面深化对旅游产业升级潜力的认识，具体来看，就是要通过对旅游消费的收入弹性和旅游产业的就业弹性的分析评估，探讨国民经济与旅游产业规模之间的相互影响。

三、旅游产业升级的潜力释放评价

中国全面建成小康社会胜利在望，未来十年中国经济推动高质量发展。

---

① 筱原三代平是日本著名发展经济学家，于 1957 年在一桥大学《经济研究》杂志第 8 卷第 4 号上发表了题为《产业结构与投资分配》的著名论文，提出了规划日本产业结构的两个基本准则，即需求收入弹性原则和生产率上升原则。

这是我国旅游产业升级的大的经济环境，也是我国旅游产业升级潜力释放的坚强依靠。

（一）旅游消费的收入弹性

弹性在经济学里反映的是两个变量的相对变化关系，通常反映因变量受自变量变化的影响程度。而旅游消费是指由旅游单位（游客）使用或为他们而生产的产品和服务的价值，是指人们在旅行游览过程中，为了满足其自身发展和享受的需要而消费的各种物质资料和精神资料的总和。因此，旅游消费的收入弹性是指随着国民收入的增加所引起的旅游消费支出的增加，是旅游消费支出对国民收入的敏感程度。旅游消费的收入弹性可以通过计算旅游消费增长的百分比与国民收入增长的百分比的比值来获得。

（二）旅游产业的就业弹性

旅游产业的就业弹性描述的是旅游收入与吸纳劳动就业之间的关系。营业收入是指旅游产业中支柱型的企业，如旅行社、旅游饭店和旅游景区的营业收入。直接就业是指旅游产业中支柱型的企业，如旅行社、旅游饭店和旅游景区的从业人员数量。由于旅游就业包括直接就业和间接就业，同时，根据有关的研究发现，间接就业人数是直接就业人数的5~7倍，因此，旅游总就业人数应该是直接就业人数的6~8倍，也就是说，旅游总就业弹性系数应该是直接就业弹性系数的8倍。

通过分析发现，直接弹性系数整体上保持正值，且近半数接近于单位弹性；总就业弹性系数70%以上都是富有弹性的，其余弹性系数大都是接近于单位弹性的。可见，旅游企业营业收入对直接旅游就业和旅游总就业具有明显的拉动效应，能够吸纳大量的劳动力，旅游产业升级潜力释放效应显著。

第三节　旅游产业升级的结构分析

旅游产业潜力的释放主要是通过旅游产业的结构升级，即市场结构、部门结构、产业融合和产业集聚等来实现的，并通过旅游产业升级的结构效益进行综合测量和评价。

一、市场结构升级

我国旅游市场包括入境旅游市场（主要是指入境外国人）、出境旅游市场（主要是因私出境）和国内旅游市场三部分，即三大市场。从相关统计数据来看，我国旅游已经走过了单一依靠入境旅游（外国人）这一外部市场发展的阶段，进入三大市场繁荣发展的阶段。十多年来，我国旅游产业市场结构发生了根本性的变化，我国居民的出境旅游和国内旅游已经成为我国旅游市场的主体。

因此，我国旅游完成了通过入境旅游进行服务出口创汇到国内旅游和出境旅游两大市场的崛起，实现了旅游服务贸易的转型和旅游产业的市场结构升级。在今后很长的一段时期内，我国旅游产业在继续大力开拓入境旅游市场的同时，要转型升级，通过更好的服务，更有效率地满足国内居民国内旅游、出境旅游和海外游客到访观光旅游及休闲度假的需要。

二、行业结构升级

旅游产业通常由六大行业组成，即食、住、行、游、购、娱。以旅行社和星级饭店为代表的我国旅游的核心产业已从一个小众产业成长为一个大众产业，其中，星级饭店床位数保持同步增长；以旅游院校和旅游院校学生为代表的我国旅游的辅助产业已从一个小众教育成长为一个大众教育，高等旅游院校数和高等旅游院校学生数保持有质量的增长。因此，我国旅游产业的行业（部门）结构在升级。

三、产业融合升级

产业融合是信息化和技术化时代产业规模化扩张和产业化集聚的一条重要途径，也是当前和未来旅游产业发展壮大的主要途径。产业融合升级主要从旅游产业部门内的增长差异入手进行分析。罗明义认为，旅游产业可以划分为旅游核心产业部门（旅行社、旅游饭店和旅游景区）和旅游非核心产业部门（包括辅助产业和相关产业）。[①] 对于旅游产业的融合发展而言，如果旅游产业总体规模扩大（参见规模扩张部分的论述）而旅游核心产业比重下降，则表明旅游产业对相关产业的渗透在加强，旅游产业的结构在升级。因此，可以通过旅游核心产业比重来测度旅游产业的结构升级。选取旅行社、星级饭店和旅游景区的营业收入作为测定旅游核心产业的规模指标，选取当年我国旅游总收入作为测定我国旅游产业的总规模指标，将两者相除，观察其比重的变化。旅游产业核心产业比重和旅游产业的融合度计算公式如下：

---

① 　罗明义. 旅游经济学 [M]. 北京：北京师范大学出版社，2009.

$$旅游产业核心产业比重 = \frac{核心旅游产业营业收入}{旅游产业总收入} \times 100\%$$

$$旅游产业融合度 = 100 - 旅游产业核心产业比重 \times 100$$

我国旅游产业在结构变迁、规模扩大的同时，渗透力也在加强，这说明我国旅游产业融合在升级。

四、产业集聚升级

产业集聚是产业发展中常见的一种空间上集中化现象，它是在产业规模效益、产业内在关联和产业的外部性作用下形成产业，在一定区域和空间上聚集或规模化扩张。产业集聚随着产业的发展会表现出持续的强化和集聚升级的态势。产业集聚也是居民旅游需求释放和产业发展壮大的重要途径。下面采用产业空间集中度指数［C 指数，见式（2-1）］和赫希曼－赫佛因德指数［H 指数，见式（2-2）］对我国各省市（不包括港澳台）旅游产业集聚态势进行分析。鉴于各省市旅游产业外汇收入指标较旅游产业总收入指标更具有权威性，因此旅游产业集聚主要是通过各省市旅游产业外汇收入的集聚情况进行分析。式（2-1）中，C_n 表示我国旅游产业集中度指数，X_i 表示各省市旅游产业外汇收入（美元），N 表示所有省市个数，n 表示旅游产业外汇收入份额大的省市个数；式（2-2）中，H_n 表示我国旅游产业赫希曼－赫佛因德指数，X_i 表示各省市旅游产业外汇收入（美元），X 表示所有省市旅游外汇收入总和，n 表示旅游产业外汇收入份额大的省市个数。

$$C_n = \frac{\sum_{i=1}^{n} X_i}{\sum_{i=1}^{N} X_i} \tag{2-1}$$

$$H_n = \sum_{i=1}^{n} (\frac{X_i}{X})^2 \tag{2-2}$$

经过数据整理和指标化测算显示：①各省市产业集聚状态分为四类，如表 2-1 所示。这说明旅游产业集聚态势有显著差异。②旅游产业外汇收入占比最大的 8 个省市分别是广东省、江苏省、上海市、浙江省、北京市、福建省、辽宁省和山东省，其 C_8 值 23 年来虽有下降，但都在 72.34% 以上，平均值为 79.95%；其 H_8 值 23 年来也有下降趋势，但都在 912.35（$H_8/H =$ 94.58%）以上，平均值为 1442.44（$H_8/H = 97.80\%$），这说明旅游产业集聚在少数省市。③随着中国经济和旅游发展市场化程度的提高，以北京市、上海市和广东省为代表的政治中心或改革开放先行省市仍是产业集聚的重点省市，扣除上述三省市后，旅游产业集聚测算 C_5 值 23 年来持续上升，H_5 值也是持续上升，这说明市场化背景下旅游产业集聚态势升级。

表 2-1 中国各省市旅游产业集聚状态分类

类　型	省　市	个　数
重点型省市	北京市、上海市和广东省	3
上升型省市	辽宁省、江苏省、浙江省、福建省、山东省、贵州省、云南省、西藏自治区、湖南省、河南省、江西省、安徽省、黑龙江省、吉林省、内蒙古自治区、山西省、河北省、天津市、四川省	19
持平型省市	陕西省、重庆市、湖北省、新疆维吾尔自治区和宁夏回族自治区	5
下降型省市	甘肃省、青海省、海南省和广西壮族自治区	4

总体来看，在产业集聚重点省市和产业份额较大且呈上升型省市层面，我国旅游产业集聚显著，我国省域旅游业产出具有明显的局域集群趋势；而在产业集聚上升型省市中，我国旅游产业呈现省市区域性的快速集聚。

五、旅游产业升级的结构效益

旅游产业升级的结构效益是对旅游产业结构生产力的研究。洪艳、何圣俊在较早地系统论述了生产力结构与生产力发展的关系后，明确指出生产力结构不单是生产力产生的条件，其本身也是生产力的要素之一。[①] 在现实经济发展中，三次产业结构变迁的过程也就是世界经济增长的过程。钱启东认为，结构生产力具有两个基本特征：一是它有别于传统意义上随着总量规模扩张所形成的生产力，而是在经济结构动态变化中形成的新的生产力；二是现代系统科学是结构生产力的理论依据，科学管理方式、手段是形成结构生产力的现实基础，也是必要条件，科学技术是结构生产力的支柱并居于其最高层面。[②]

旅游产业的结构问题关乎学者们对旅游业的认识问题，是旅游经济研究的重点。旅游产业的结构问题是旅游经济发展到较高水平，旅游产业规模进一步提升后，旅游经济学者聚焦研究的内容。罗明义较早对旅游经济结构的概念、内容和合理化进行了研究，对旅游产业结构的分类、影响因素、合

① 洪艳，何圣俊. 论结构生产力 [J]. 云南社会学科，1991（4）：12-14，88.
② 钱启东. 树立结构生产力的发展观 [J]. 学术月刊，1994（2）：7-9.

理化和高度化进行系统探讨，提出了旅游产业结构生产力的概念，并进行了定量测量和实证研究。[①] 要想实现旅游产业结构优化，一要引入需求标准来考察各子行业在供给与市场需求之间的拟合程度；二要考察各行业自身发展的现状与后劲，创造出更广阔的未来发展空间。结构生产力是推动我国旅游产业经济发展的一个重要的途径。

入境旅游能够反映一个国家旅游服务贸易的整体竞争力和该国旅游产业结构所具有的内在特征。因此，我国旅游产业结构变化推动规模升级的研究是通过我国入境旅游外汇收入的结构生产力来实现的，其实证研究采取下面三个步骤完成：分别计算海外旅游者人数构成与入境旅游外汇收入、外国游客目的与外国人旅游收入、国际旅游外汇收入构成与外汇收入的结构生产力。

对旅游产业结构生产力分析，主要通过分析计算旅游产业内部各行业的构成比、旅游产业结构变动指数和结构生产力系数，来综合反映旅游产业结构的合理化及其对旅游经济增长的作用和影响。旅游产业结构生产力分析步骤如下：

第一步是计算旅游产业构成比重。旅游产业内部各行业的构成比重反映了各行业对旅游经济总量的贡献及变化影响。

第二步是计算旅游产业结构变动系数。结构变动指数是指旅游产业某一指标的构成比在相邻年份（或多年）间的变动值，它反映了不同年份间旅游产业结构的变化情况。通常，结构变动指数的大小反映了旅游产业内部结构变化的大小或相对稳定程度。

第三步是计算旅游产业结构生产力系数。结构生产力系数是指旅游产业结构变动指数对旅游经济总量增长率的弹性系数，它反映了旅游产业结构变动对旅游业发展的推动作用和影响力。通常，结构生产力系数的高低反映了结构变动对旅游业发展的推动力的大小。

从近十年我国旅游产业结构生产力测算来看，旅游产业结构变动系数与旅游外汇增长率呈正相关，相关系数平均为 0.8，旅游产业结构在优化，旅游产业结构生产力高。参照相关系数的评价标准，R 小于 0.3 为不相关，R 位于 0.3~0.8 为弱相关，R 大于 0.8 为强相关。我国旅游产业结构生产力平均为 0.8，这说明入境旅游外汇收入结构的变动对外汇旅游收入的增长起到直接的推动作用。入境旅游外汇收入反映了一个国家旅游服务贸易出口能力，是一个国家旅游产业结构的集中代表，因此我们可以说，在经济持续健

---

① 罗明义. 旅游经济分析：理论、方法案例 [M]. 昆明：云南大学出版社，2001.

康发展的背景下，旅游产业结构的转换能够有力地促进国家旅游产业的规模升级。

第四节 旅游产业升级的规模分析

旅游产业升级的规模分析主要是探讨旅游产业升级的影响因素、旅游产业规模变化和旅游产业地位情况。因此，相应的分析也分为三个方面，即旅游产业规模升级的影响因素分析、旅游产业升级的规模指数分析和旅游产业地位指数分析。

一、旅游产业规模升级的影响因素分析

旅游产业作为消费需求型的具有广泛关联度的第三产业，其发展规模与多种经济环境变量有关。因此，旅游产业规模升级的研究需要涉及更多的解释变量，可以通过多元回归来探索影响其规模升级的影响因素。在实际研究中，多元线性回归模型中的解释变量往往存在程度不同的线性相关关系。经典线性回归模型的经典假设条件之一，即解释变量之间不存在线性关系（任何一个解释变量不能写成其他解释变量的线性组合），这就是解释变量的多重共线性问题。同时，应看到多重共线性造成的影响，包括增大最小二乘估计量的方差；可能降低在假设检验中舍去重要的解释变量，检验的可靠性降低；回归模型缺乏稳定性。

旅游产业升级既需要对投入要素（见"效率研究"部分）分析，也需要对旅游产业规模升级相关因素进行研究。因此，为了更好地探索影响旅游产业规模升级的原因，有效避免现实经济变量存在的多重共线性问题，下文以凯恩斯收入消费理论为框架背景，考虑影响旅游规模升级的需求和供给两个方面的因素，结合能够获得有关旅游业发展的社会经济数据，进行多重共线性研究。具体的技术处理通过计量经济学软件 Eviews 6.0 首先进行相关性系数检验，其次是采用逐步回归法作多重共线性回归分析。

（一）相关系数检验

运用 Eviews 6.0 对影响旅游产业规模升级的相关因素与旅游收入进行相关性检验，检验结果见表 2-2。

表 2-2　影响旅游产业规模升级相关因素与旅游收入的相关系数

相关系数	旅行社个数	旅游的服务贸易比重	铁路公里数	旅游外汇收入
旅游收入	0.922403	-0.788615	0.913691	0.941716
相关系数	人均国内生产总值	入境旅游人数	星级饭店个数	国内生产总值
旅游收入	0.986179	0.862638	0.817181	0.986644
相关系数	旅游学院学生数量	城镇居民的恩格尔系数	民用航空客运量	城镇化率
旅游收入	0.952071	-0.718509	0.978858	0.867427

（二）多重共线性回归分析

第一步，对影响旅游产业规模升级（旅游收入）的各影响因素进行一元线性回归（OLS），并对参数符号、拟合度和 t 检验进行判断。

第二步，首先确定一个基准的解释变量，即从已有变量中选择解释得最好的一个建立基准模型。

第三步，在基准模型的基础上，逐步加入其他的解释变量进行逐步回归分析，寻找拟合优度最好的回归方程。

第四步，确定去除引起多重共线性后的含有解释变量的回归模型是：

$Y = -2904877 + 276.6617Gdp + 28.94073planetourists$

　　　（-2.57）　　　（4.61）　　　　　（2.51）

$R^2 = 0.980624$

所有的解释变量参数符号合理而且通过 t 检验，因此，这时的估计方程最好地拟合了数据。

通过对旅游产业规模升级的多重线性回归分析发现：①影响旅游产业规模升级的主要因素是国民收入水平和民用航空客运量；②国民收入水平提高对规模升级的影响是 1 ∶ 276.6617；③民用航空客运量提高对规模升级的影响是 1 ∶ 28.94073。

二、旅游产业升级的规模指数分析

（一）旅游经济增长与旅游产业升级

旅游产业升级的规模研究主要表现为旅游经济增长。旅游经济增长推动着旅游产业的规模升级。旅游经济增长是指一个国家或地区在一定时期内，有效提供给旅游市场的旅游产品和服务的价值总和的增加。它是旅游产业在价值创造数量上的增加和产业规模上的扩大，具体表现为旅游经济总产出数量的增加和规模上的扩大，反映了一个国家或地区旅游经济总量的变化状况。旅游经济增长通常是用旅游总收入来衡量的。因此，旅游产业升级的规模研究主要是通过对旅游总收入的分析来实现的。

（二）旅游产业升级的规模指数分析

旅游产业升级的规模指数就是用旅游总收入这一反映旅游经济增长的综合指标来对旅游产业规模升级的速度进行测算。旅游产业升级的规模指数是指以某一年的旅游总收入为基期（规模指数为 100），以此为基础依次对后续各年的旅游总收入分别进行旅游产业升级的规模指数测算。我国旅游产业升级的规模指数呈现快速上升趋势，直接反映了我国旅游产业的规模升级态势。我国旅游产业规模升级态势高昂，升级步伐加速，升级动力强劲。

三、旅游产业地位指数分析

（一）旅游产业地位与旅游产业升级

旅游业是具有典型外向型特征的经济产业，对一个国家，特别是发展中国家而言，无论是在国民经济发展还是对外服务贸易出口中都具有重要意义。旅游产业地位最终体现为旅游产业规模的增加，以及其对国家或地区经济增长的重要性。如果旅游产业在一国经济中占的比重增加，或者产业的重要性在提升，那么我们就可以说旅游产业升级了。虽然此时的旅游产业升级仍表现为一种规模上的重要性，但这却是由旅游产业在国民经济体系中的重要性地位所决定的。因此，旅游产业相对规模比重决定旅游产业地位，而旅游产业地位反映出旅游产业升级。

（二）旅游产业地位指数分析

通常来讲，旅游产业规模可表现为旅游产业内的企业数量多少与规模大小、旅游产业的产值规模、旅游产业的增加值规模和旅游产业占国民经济或服务经济贸易的大小。鉴于旅游产业在国民经济发展和对外服务贸易中的重要作用，选取旅游统计资料中常用来反映旅游产业规模的产值指标，即旅游收入指标，分别从旅游产业规模的国民收入占比（旅游的产业经济规模比率）和对外服务贸易出口占比（旅游的服务贸易出口比率）两个方面进行旅游产业地位指数的界定与核算。

旅游的产业经济规模比率是指一个国家或地区的旅游产业规模占该国或该地区国民经济的比重。它反映了一国或地区旅游产业经济在该国或地区国民经济中的产业地位，具体可以通过计算一个国家或地区的旅游产业综合收入（不考虑物价因素的影响）与该国或该地区同期的国内生产总值（GDP）的比率来获得。旅游的产业经济规模比率的计算公式如下：

$$旅游的产业经济规模比率 = \frac{旅游总收入}{GDP} \times 100\%$$

旅游的服务贸易出口比率是指一个国家或地区旅游服务贸易出口额占该国或地区同时期服务贸易出口额的比重。它反映了一国或地区旅游服务贸易在该国或地区服务贸易出口中的产业地位，具体可以通过计算一个国家或地区的旅游服务贸易出口额与该国或地区同期的服务贸易出口额的比率来获得。旅游的服务贸易出口比率的计算公式如下：

$$旅游的服务贸易出口比率 = \frac{旅游服务贸易出口额}{同期服务贸易出口总额} \times 100\%$$

当前，我国国民经济整体处于以工业化为主导特征的快速发展期，任何一项服务性的产业都难以支撑大国经济的长期稳定和可持续发展。在工业依然是财富主要来源的经济增长背景下，旅游产业地位比率指数这一对相对比重指标能保持基本稳定，本身就是旅游产业升级的表现，这说明旅游产业在我国经济强国建设和现代服务业国际竞争力方面扮演着十分重要的角色。因此，看似矛盾，实则不然，旅游产业地位比率指数的相对稳定也反映出旅游产业在升级。

第三章 旅游产业集群驱动演化机制

以旅游服务为核心的旅游产业连通周边的产业链共同构建起旅游产业集群，为旅游者提供丰富、多元的旅游服务。不过在众多因素的影响下，旅游产业集群会发生不断的演化，产生一定的集群效应。本章针对旅游产业集群的特性，分析了产业集群演化的相关规律，同时对旅游产业集群效应进行了探索。

第一节 旅游产业集群的内涵

产业集群是产业组织演化的创新。然而由于产业性质的不同、旅游业自身特点等，旅游产业集群与制造业集群既有联系，又有区别，有其自身的独特性。

同样作为产业部门，旅游产业集群与其他产业集群有一定的可比性和类似性，但旅游产业鲜明的特点决定了旅游产业集群与其他产业集群存在较大的区别，具有其独特性。

一、旅游产业集群的概念特征

为更好地完成研究，对旅游产业集群作如下界定：

旅游产业集群是指在一定区域内围绕旅游吸引物，旅游相关企业和机构聚集，并由于地理的邻近性而产生相互联系、协作和知识溢出，进而激发创新，不断丰富旅游产品体系和业态，满足旅游者多元化的消费需求，产生需求方规模经济，进而形成集聚与经济增长循环累积的现象，如图 3-1 所示。

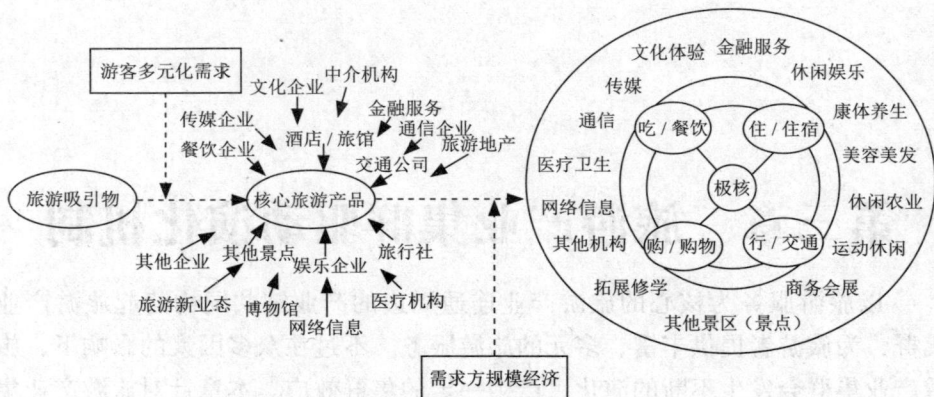

图 3-1　旅游产业集群概念

从旅游产业自身的性质出发，旅游产业集群具备以下四个方面的特点，如图 3-2 所示。

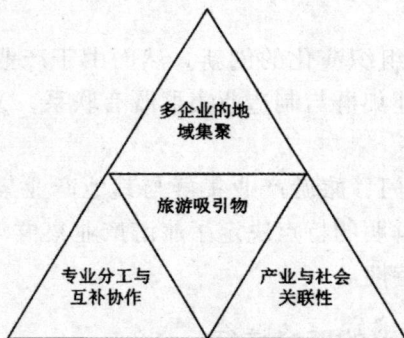

图 3-2　旅游产业集群的特征

一是旅游吸引物的核心性。旅游集群的核心功能在于更好地为异地旅游者提供"食、住、行、游、购、娱"等方面的服务。因此，真正的旅游产业集群应当是以旅游资源和旅游需求为核心的层次化结构。自然、人文旅游吸引物是旅游产业集群的核心层，直接为旅游者提供服务的是供应层，而间接为旅游者提供服务和支持的是辅助层，因而满足旅游者多元化需求的旅游吸引物是旅游产业集群中最为核心的元素。

二是多企业的空间集聚。旅游产业集群是相关企业在特定的地理空间上的集聚，即旅游吸引物、旅游企业及与旅游企业相关的支持行业和辅助机构在特定地理空间上的集聚并协同发展，现实的表现为在主题公园、环城游憩带、度假区和大型旅游区周围出现的旅游企业的集聚。根据产业集群的一般理论及旅游产业的特殊性，所谓的特定"地域"，一方面指特定的地理地域，另一方面指集群接受特定区域的管理机构的统属和协调（如管委会，省、市、县旅游管理部门）。

三是专业分工与互补协作。与其他产业不同，旅游产业的最终产品是"旅游体验"。完整和高质量的旅游体验无法由景区、酒店等单个企业提供，必须由集群内的所有相关企业共同"生产"。因此，旅游产业集群中的企业本质上相互影响和作用，并形成了一个有机的生态系统，而任何一个环节的失误都将影响作为整体产品的"旅游体验"的质量。旅游产业集群内的企业必须通过专业化、横向的分工与协作，才能完整地为旅游者提供多元化的需求服务。

四是产业与社会关联性。旅游产业关联度高、综合性强、产业链长，形成集群后，其市场经济关联效应更加凸显，即通过旅游产业集群的形成与发展，带动旅游购物、信息消费、环境保护、城市建设、金融保险监管、交通物流运输等产业和部门的参与及聚集。相关行业和部门的空间集聚，又反过来加速旅游产业集群形成和发展的进程。另外，旅游业的社会福利和民生效应在集群发展中也得到更大的显现。集群式发展拓展了传统"景区""旅游地"的边界，使旅游业呈现出"休闲化""全域化""主客共享"等全域旅游时代的特性，旅游产业的社会功能日益凸显。

二、旅游产业集群的本质及特性

旅游产业集群的本质是游客消费需求的集聚。旅游产业集群是面向消费和服务的集群。旅游相关企业根据消费者 / 旅游者的需求，在特定空间优化配置资源，进行组合和集聚。随着用户量的增加，这种集聚的价值越来越高，价值提高又形成新的聚集力，企业聚集增多，用户规模也进一步扩大，然后循环往复，反之亦然。游客需求集聚之所以能够推动产业集群产生，主要是由于企业与旅游者之间存在正向反馈。旅游者消费产品和服务后，如果有着较好的体验感知，就会通过口碑效应吸引更多的旅游者。

由于旅游业与工业、制造业在原材料、生产与消费过程等方面有明显区别，旅游产业集群与工业、制造业产业集群在集群的基点、空间区域、企业间联系与关系、驱动力及形成机制等方面也不同，有其自身的特性，如表3-1 所示。

表 3-1　旅游产业集群的特性

	旅游产业集群	制造业产业集群
原材料	旅游资源具有多样性	相对单一
产品	满足旅游者需求的多种产品和服务	具体的某一个产品
生产与消费	生产与消费同时、同地	生产与消费时间不同，空间也可不同
集群的基点	需求	供给
集群的区域	必须依托具有一定体量规模的旅游吸引物	更多地表现成本导向，如靠近原材料产区、劳动力廉价、区位优越、政策优惠等
集群内企业联系	围绕旅游活动的开展构建，相互独立性强，相互制约弱	围绕生产的上下游关系构建，相互独立性稍弱，相互制约强
集群的驱动力	需求方规模经济，即游客规模增加，引发互补产品和相关机构的进入，从而增加集群网络的价值	供给方规模经济、范围经济和交易成本的节约
集群的效应	资源优化配置效应、创新效应、品牌放大和极化效应、对区域经济社会综合带动效应	降低成本、促进技术产出比等

第二节　旅游产业集群的演化机制

　　产业集群的产生发展受到很多因素影响，存在一个逐渐演变的过程。一般而言，产业集群的演变过程大体可以分为萌芽、成长、成熟和衰退四个阶段。在产业集群的不同发展阶段，主要的影响因素和驱动力是不一样的。从我国的实际情况来看，作为旅游产业集群，可以观察到有明显的萌芽期、成长期和成熟期的现象，也存在导致衰退的因素。其中有些特点和因素与其他产业集群发展类似，有些具有产业自身的特点。对旅游产业集群各个发展阶段的研究，不仅可以分析集群内在的强化机制，还可以揭示导致旅游产业集群衰退的因素，从而为制定旅游产业集群的发展政策提供依据。

一、产业集群演化的一般规律

　　在萌芽期，集群区域内核心产业增长迅速，成为活跃的产业，产生了较大的市场影响力，逐渐显现出较高的经济效益。在核心产业的带动下，更多相关企业投入其中，分工逐步形成，产业集群得以产生。促使产业集群形成的因素有很多，比如，产业突然出现重大创新而导致生产经营方式改变；或者是区位优势，在交通、信息等基础设施等硬件方面及市场秩序、人才等软件方面有突出的适合产业健康发展的因素出现；也有可能是政府的大力支持，不少产业集群都是由政府规划并重点扶持的，特别是在经济起飞阶段，各级政府的支持力度往往是产业集群发展的决定性因素。

在成长期，产业集群增长率很高，所占领的市场份额扩张很快。产业集群开始在集群效益的驱动下，越过了临界规模的限制，进入一个路径依赖、自我强化的快速发展阶段。此阶段经济集聚效应显著，产业集群成为区域经济发展的新兴地区，产生了强大的吸引力，往往成为一个地区性的增长极。而从内部来看，此阶段供应链中各环节专业化分工深化，生产的品种也日益多元，提高了经济效益，获得了较高的规模经济和范围经济，市场适应能力和竞争能力提升。与此同时，在市场需求的刺激下，产业集群内投资增加、生产能力扩张。对成长阶段的旅游产业集群来说，创新和成本的降低是最主要的成长动力。

在成熟期，产业集群形成了整体优势。一个渐趋成熟的产业集群也是一个自组织系统，由于其具有自我生长、自我增强、自我调整的特征，一般可以在很长的时间内保持竞争优势，比如硅谷的微电子产业、瑞士的钟表产业和"第三意大利"的手工艺品。通常，工业和制造业集群在到成熟期以后，那些关键性的、盈利丰厚的环节将继续保留在产业集群中，但随着土地、劳动力等要素成本上升，一些对集群效益相对比较低的生产环节会逐步被排挤出去。

在衰退期，产业集群一般表现为核心产业投资回报率下降，市场份额减少；一些企业开始迁出、投资停滞，甚至出现经济增幅下降或负增长。同时，产业集群内创业激情下降，区域内形成失业潮，欣欣向荣的创业景象被如何减少开支和控制成本代替；产业集群开始从依靠投资提高竞争力转向降低费用以减少亏损。导致产业集群衰退的因素主要有以下几个方面：一是技术导致的产业成长周期变化。产业内发生了重大技术革新，产业集群中原有的核心技术被新技术替代，从而引起核心产业衰退，这种衰退必然导致产业集群的衰落。二是集群区的内在问题。比如，各企业和部门之间的协作关系受到破坏，机会主义和急功近利行为盛行，或者是集群发展后所形成的垄断地位导致的管理问题和市场适应能力下降，等等。三是区域环境变化。这既有可能是自身环境的变化，导致生产成本发生重大改变，又有可能是竞争对手拥有了更加优越的区域发展环境，从而对现有产业集群产生竞争优势。四是政府政策的改变。政策的改变可以导致产业集群生存发展的环境发生剧烈的调整，从而使原来发展良好的产业集群发生剧烈动荡，甚至使产业集群在不长的时间内分崩离析，如表3-2所示。

表 3-2　产业集群演变过程

阶　段	主要特点	主要影响因素
萌芽形成阶段	区域内核心产业增长迅速，成为活跃的产业，取得明显的经济效益，产生了较大的市场影响力	产业创新、区位优势、政府支持
成长阶段	产业集群开始在集群效益的驱动下，越过了最小规模的限制，进入了一个自我强化的快速发展阶段	分工细化和协作增强，外部经济和范围经济明显，以及自我增强机制作用
成熟阶段	产业集群形成了整体优势。产业集群具有自组织系统的特征，具有自我生长、自我增强、自我调整的特征，可以在较长的时间内保持竞争能力	稳定的市场、合理的产业集群架构和功能，以及系统自身的自我调整、自我适应的优势
衰退阶段	核心产业投资回报率下降，市场份额减少；一些企业开始迁出、投资停滞，甚至出现经济增幅下降或负增长。同时，产业集群内创业激情下降，区域内形成失业潮，欣欣向荣的创业景象被如何减少开支和控制成本代替	产业成长周期、内部问题、区位优势丧失以及政府政策变化

二、旅游产业集群演化的阶段划分

根据以上对产业集群演化的规律分析，可以将旅游产业集群演化一般性地划分为萌芽、成长、成熟和衰退四个阶段。

（一）萌芽期

在萌芽期，旅游产业集群的孕育产生有以下几个重要影响因素。

首先，旅游产业集群产生的根本前提是具有一定规模体量的旅游吸引物。没有旅游吸引物，就不可能形成旅游产业集群。从某种意义上说，旅游产业集群是地域依赖性的。当然，这种依赖不是绝对的，因为旅游吸引物可以是自然吸引物，如九寨沟、黄山、杭州西湖；也可以是人造的，如浙江横店影视城。应当指出的是，旅游产业集群的形成不仅依赖于是否拥有旅游吸引物，还更依赖于旅游吸引物的丰富度、规模体量。一般情况下，如博物馆、纪念馆等单一的旅游吸引物和景点难以具备形成旅游产业集群的条件。

在某种程度上，核心旅游资源能承载的最大游客数量限制了旅游产业集群最终的规模和体量。只有具有能够超越临界规模的旅游资源和吸引物，旅游产业集群才能够产生并发展。

其次，旅游产业集群的产生需要核心产品得到市场高度认可。因此，集群产品不仅要迎合市场需求，还需要主动寻找商机和引领消费潮流。例如，德清"洋家乐"乡村度假区正是瞄准了长三角区域，尤其是上海、杭州等特大城市精英"深层回归自然"的需求，原生态开发、亲近自然的乡村度假产品以白领和外国游客熟悉的网络营销、互动营销积累口碑和开拓市场，迅速获得了城市高端阶层的追捧。[①] 此外，旅游产业集群产生还需要较好的区位交通条件。这一方面由于旅游资源赋存具有特定的地域性，另一方面因为集群的旅游产品便于寻找潜在的消费市场。在交通基础设施条件较好的地区，可以方便游客的进入；在经济发达的潜在市场地区，水、电、天然气等基础条件也将对旅游产业集群的发展产生一定的影响。因此，旅游产业集群往往产生于旅游资源富集地区或大城市周边地区。

最后，旅游产业集群的萌芽产生需要企业和政府的共同投入。在萌芽初期，一般由较大型的企业或具有创新意识的企业进入，开发形成具有核心吸引力的龙头产品。在此示范带动下，一批同质企业会寻求进入区域，企图分享这块新开发的市场"蛋糕"。由于此阶段进入门槛较低，同类型企业数量逐渐上升，一方面形成一定的竞争，但更多的是因为同类产品的集聚壮大了产品规模体量，逐渐形成了特定的产业特色，提高了品牌的市场影响力。在产业集群逐渐孕育产生的同时，其内部也逐渐会出现一些较为简单的小企业，它们会为游客提供相关的延伸产品和服务。异质企业的出现初步具备一定的互补效应，从而逐渐产生了集群的分工协作。政府一般在集群初具规模和品牌时进入，在初期一般投资一些道路交通、标识引导等硬件性的公共服务设施，然后逐渐过渡到关注旅游产业集聚区的规划引导、整体营销、人才培训等软件方面。

旅游产业集群的孕育产生机制如图 3-3 所示。

---

① 李锦华，王雪梅.洋家乐 乡村旅游的德清魅力 [J].农村工作通讯，2015（19）：27-28.

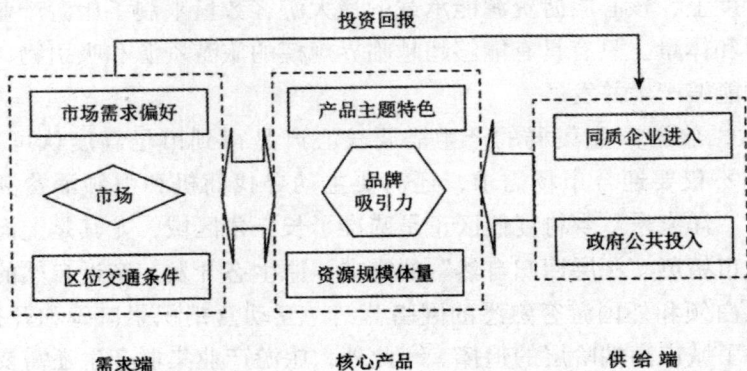

图 3-3　旅游产业集群孕育产生机制

（二）成长期

　　旅游产业集群在此阶段逐渐产生并自我强化的成长机制。在市场的驱动下，旅游产业集群在突破最小规模的限制后，在集群效益的作用下，旅游企业和组织自发地向集群区域集中，产生了明显的极化效应，成为区域内具备集群特色的旅游中心地，显现出了明显的需求方规模经济效应。这一规模经济效应主要表现为三个方面：首先，产生了网络效应。随着市场的扩大，形成的巨大市场容量为相关企业的进入提供了市场机会，不仅开发经营核心产品的企业形成集群，提供相关配套服务的企业也集聚繁盛，从而集群能大幅度地提升游客旅游价值。其次，由于外部效应降低了成本规模经济，降低了单一企业的运行成本，为企业节省了大量的经营成本，旅游企业在空间上的集聚降低了信息搜寻、合约谈判和执行成本。最后，创新效应。集群内企业之间的分工日益细化，逐渐形成专业化的服务，许多未被识别和利用的市场机会得到利用，企业的"联合需求"通过交流促进建立创新机制、创造新的旅游产品，集群内的创新日益活跃，从而整体提升旅游集群。

　　正是在以上三种规模经济效应的驱动下，集群发展提高了旅游产品的性价比，提高了当地旅游业发展的市场适应能力，提高了投资回报，区域外的企业不断涌入，区域内新的企业不断涌现，旅游服务的产业链和供应链不断深化、细化，形成了强大的市场吸引力。这种市场吸引力又进一步扩大了集群的市场影响力和市场需求。通过一轮又一轮的扩张，集群效益的不断展现使旅游产业集群进入了加速发展的轨道，形成了一个正反馈的系统，如图3-4所示。

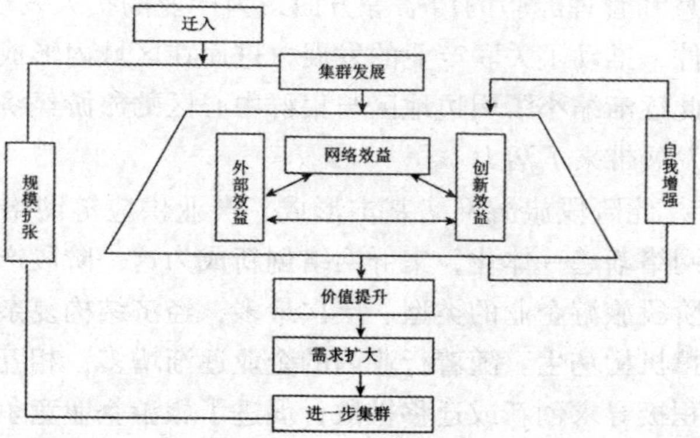

图 3-4 旅游产业集群成长驱动机制

（三）成熟期

旅游产业集群经过萌芽、成长期的发展，逐渐进入稳态的成熟阶段。在此阶段，旅游企业数量规模和产量产出基本保持稳定，各个企业开始相互学习借鉴、错位发展并加强合作。在企业协作增强的同时，整合资源及兼并重组现象也较频繁，逐渐形成了大型旅游企业主导产业发展、大量专业化旅游企业支撑的总体产业格局。

成熟期的旅游产业集群产生出巨大的经济效益，这有赖于集群内各类企业的集聚丛生和深度分工。直接面向市场的是核心吸引物群体，根据其主要功能的不同，可分为提供游览体验的传统观光型景区景点和提供休闲度假功能的各类旅游功能区。除了核心产品外，成熟的旅游产业集群区大量的客流还需要系列配套服务，依据对游客服务的关联性，可以分为直接的服务供应商和基础服务供应商。前者又可分为三个层次：第一层是紧密联系的住宿、餐饮和旅行中介服务；第二层是休闲娱乐、交通和相关维修服务；第三层是提供零售、家居和建筑等方面的服务。基础服务供应涵盖范围更广，基本包括了集群区所在城市的所有生活服务类型。

旅游产业集群发展到一定程度之后，高密度的企业布局使得市场出现拥挤现象，各类成本的提高开始对旅游经济增长产生副作用。这些成本主要包括集群内旅游企业的品质竞争、区域外企业的客源争夺、集群区的资源环境承载限制等。为降低运营成本，一方面，集群内企业开始深挖自身潜力进行正面应对；另一方面，部分企业开始寻求向集聚区域外围拓展，从而产生了一定的旅游经济扩散现象。旅游集群的扩散表现在企业投资、人才流动，以及技术、信息和管理经验的传播等方面，为产业的扩大发展提供了土地、资源等基础条件，推动了关联产业的发展，进而在区域内形成完整的旅游产业链条，并由此逐渐缩小了周边地区与集群中心区的旅游经济差距，为更大区域旅游业的发展带来了活力。

总体来看，此阶段旅游网络基本形成，产业供应链网络、旅游交通网络、旅游信息网络渐趋一体化，集群网络创新成为这一阶段产业集群成长的主要动力。此阶段旅游企业的类型、层次最多，经济结构复杂，同行业企业集聚，相关支撑机构丛生。随着行业内的企业逐渐增多，相互间的竞争也日趋激烈。企业积极寻求创新或迁移扩散，促进了旅游企业竞争力的提升和整个地区旅游产业的发展。

（四）衰退期

随着旅游产业集群的进一步发展，其本身的一些负面影响更加显著。在维持一段成熟期后，可能发生服务设施老化、旅游产品陈旧、管理理念落后、旅游人才流失等诸多问题，导致旅游资源质量下降或旅游产业结构失衡等一系列问题，而必然存在的内部竞争导致的"柠檬市场"、外部竞争对客源的争夺、区域资源环境限制等负面效应更加明显，这些原因共同导致旅游产业集群的衰退。旅游产业集群的衰退期主要有以下几个标志：相关企业经济效益下降，旅游新产品越来越少，旅游市场规模缩小，企业数量开始下降，关联企业间联系越来越少。

需要指出的是，旅游产业集群的衰退对于集群中企业的影响并非同等，在产业集群逐渐衰退的过程中，相关企业的减少具有先后层次性。[①] 随着旅游产业集群竞争力的整体减弱，集群区域逐渐从目的地变成过境地，此阶段核心吸引物往往具有一定的市场吸引力，因此能够勉强维持经营，与核心产品直接相关的部分供应商也有一定的业务量，而与核心产品间接性相关的服务则首先衰退。随着集群的进一步衰退，游客量大幅减少，提供食、住、中介等服务的供应商也逐渐退场。最后，随着自驾、自由行游客较少光顾，核心企业经营难以为继，集群彻底消亡。

三、旅游产业集群演化的机制探讨

旅游产业集群发展或衰退的演化方向取决于集聚力和离散力的博弈。旅游产业集群是一个自组织演化的经济社会系统。这一系统和物理学、热力

① 冉庆国，黄清.产业集群的衰退原因及其升级研究 [J].商业研究，2007（3）：97-100.

学及信息学中所研究的自组织系统具有类似特征，即遵循系统变化规律。而在旅游产业集群中，系统值取决于集聚力和离散力的博弈。系统的集聚力主要源于旅游产业因需求方规模经济所产生的价值提升效应，还包括对市场的品牌共享效应、对产品和制度创新的创新效应，以及因市场规模扩大产生的边际运营成本降低等效应。系统的离散力主要是旅游产业因集群而产生的运营成本，包括集群发展中企业生产的要素成本升高、内外部竞争产生的管理成本升高及资源环境成本升高等。

　　旅游产业集群和制造业等传统产业集群在演化动力上并不完全一致，这在集聚力和离散力两方面都有体现。在集聚力方面，与制造业相比，旅游产业互补性更强，集群中企业的水平分工及对游客的一揽子服务需要系列供应商的合作共享，集群规模越大，其网络经济效应和品牌共享效应越明显；而制造业供应链主要是垂直分工体系，对于节约生产和交易成本的追求是其根本的动力机制，对市场的品牌共建共享效应和网络效应不如旅游产业集群显著。对于工业和信息化产品中存在的需求方规模经济，则并不必然表现为集群这种发展模式。而对于旅游产业集群，由于旅游消费对吸引物的高度依赖及游客实践经费的稀缺，需求方规模经济只能通过集群才能得到体现。

　　在离散力方面，两类集群也有所区别。由于旅游产业供应链的水平化分工，其各自直接面对消费者的特性也会导致其内部竞争较为激烈，尤其是在集群成熟阶段。在游客消费过程中，由于信息的不对称性，这种内部的竞争往往容易出现"劣币驱逐良币"的现象，这将直接导致旅游品质的下降。这在旅游市场中屡见不鲜，如旅游过程中的"零负团费"现象。这种内部恶性竞争的现象是容易发生的，且对于集群发展具有极大的破坏力。而工业产业集群正好相反，成熟的制造业集群因为紧密的垂直分工体系而较少内部竞争，更倾向于合作面对外部竞争。在资源环境成本上，工业企业主要面临的是资源价格和环境污染压力，随着技术创新，这一压力能够缓解；而旅游产业集群首先面对的是集群区域，尤其是旅游吸引物的游客承载能力，这一刚性指标往往限制了集群的迅速规模扩张。这一承载力虽然可以通过叠加和错峰来扩大，但无疑存在实践和理论上的极限。这也是旅游产业集群不可能出现传统需求方规模经济中可能出现的"一家独大"和"赢家通吃"现象的重要原因。

　　旅游产业和传统工业集群在发展的效应方面也不一样。除了经济效应外，旅游业还是一项具有较强社会民生效应、文化传承效应和环境优化效应的公共事业。因此，旅游产业集群的发展需要私人机构、公共机构、行业组织、地方社区的多方协同。各种相关产业和衍生机构配合旅游产品的生产，并为旅游产业链的延伸和创新提供各方面的支撑。融合发展和多方协同的组织环境能为旅游产业集群的形成和发展壮大提供各种优质的要素，从而使集群得到一个良好的经营环境，生产服务和要素效率得到提高。政府作为公共机构，主要投资于城市基础设施、公共服务设施，并为集群发展提供优惠政策和优良的制度环境，从而减少恶性竞争，降低交易成本，使集群发展的效应得到充分的发挥。

第三节　旅游产业集群效应分析

多个相关企业在空间上集聚形成产业集群，能够释放出一种集群效应。它是指通过产业集群这种形式，集群内部的所有企业（服务机构）通过分工、竞争、合作等多种形式实现资源共享、知识溢出、技术扩散、获得成本降低和超额利润。

集群式发展对区域旅游产业整体竞争力的提升及区域社会经济的发展均具有一定的推动作用。旅游产业集群形成发展的主要动因就是集群发展能给参与的各方提供比较优势，从而能得到相关方面的大力参与和积极支持，旅游目的地的企业就能从互相接近的区位中获得更大的收益。

一、资源配置的优化效应

旅游产业集群的首要效应是资源配置的优化效应。也就是说，旅游产业集群这种形态能实现对旅游资源更高效率的利用和优化配置。一方面，我国旅游业历经多年的发展，九寨沟、张家界、黄山、丽江古城、长城等一线旅游资源基本上已处于开发状态，但是由于我国地域广阔、文化深厚、地形地貌多样，加之旅游资源的综合性和复杂性，很多散落的旅游资源由于位置比较偏、体量比较小、品位比较低等，没有得到有效开发和利用。另一方面，我国大量游客需求没有得到很好地满足，很多景区游客爆满（节假日更是如此），处于一种超负荷的运营状态。然而，旅游产业集群发展可以实现对散落旅游资源的有效整合，促进散、小、弱旅游资源的优化配置和高效利用。具体来说，旅游产业集群主要通过以下三种方式实现对旅游资源的优化配置。

第一，旅游产业集群能实现对散落旅游资源的高效利用。全国很多散、小、弱型的旅游资源单独开发价值并不高，同时独自开发需要大量资金投入公共旅游基础设施、客源市场开发等方面，从经济上也是不划算的。但是，如果借助旅游产业集群，可以实现对这些资源的整合和高效利用。首先，旅游商品资源、文化艺术资源、传统手工艺等可以直接整合进景区、古镇、主题公园等旅游产品之中加以开发利用。例如密云的古北水镇，以典型的北方旅游度假小镇为集群形态，有效整合了我国北方众多民宿和历史文化资源，并将这些资源很好地融入古镇街区、民宿、餐饮、商铺、精品酒店等旅游业态中。再如凤凰古镇借助产业集群，很好地将苗族的传统手工艺、特色小吃、民族节庆、民族服饰等旅游资源融入旅游购物、美食餐饮、节庆活动等旅游业态中。通过这种形式，旅游产业集群实现了对散落旅游资源的高效利用和优化配置。

第二，旅游产业集群能产生结构优化效应。旅游景区或度假区孤立式发展很容易产生"孤岛效应"，使得景区（点）隔绝于当地，沦为"旅游孤岛"，如亚布力滑雪度假区就是典型的"旅游孤岛"，其结果便是旅游产业强大的经济牵动作用和就业吸纳效应没有得到有效释放，同时，很容易引起旅游景区与当地居民的冲突和矛盾。旅游产业集群发展不仅可以破除旅游发展的"孤岛现象"，还可以通过以下途径产生结构优化效应：首先，旅游产业集群发展可以实现市场需求方的规模经济效应，可以大量吸纳本地居民从农业向旅游业转移，有利于促进乡村经济的结构优化。其次，旅游产业集群发展，形成的市场需求方规模经济效应不仅能够推动食、住、行、游、购、娱等传统旅游业的发展，还对当地商业、商务会议、文化创意、休闲农业、健康养生等产业起到巨大的促进作用，进而促进当地产业升级和经济结构的优化。

第三，旅游产业集群还通过为游客提供更完整的旅游体验，从而具有消费者时间节省效应。在旅游产品形成集聚之前，游客往往需要跨越很大的时空才能够完成一次"完整的旅游体验"，以便满足自身的多元化需求。然而，一旦旅游产业集群形成，游客就可以在有限的集群空间范围内，自主地选择食、住、行、游、购、娱等旅游消费，这样就大大节省了游客的时间，降低游客的"行游比"，进而提高游客的体验质量和满意度。

二、创新效应

旅游产业集群具有明显的创新效应，具体体现在观念、制度、技术、管理和环境等诸多方面。例如横店影视城的众多文化演艺项目也是影视产业与旅游产业融合对接下激发的产品创新。借助专业的影视设计、优势的影视场景，以及奇幻的声、光、电技术，横店演艺爆发出极大的市场吸引力，成为游客前来横店旅游的主要动因。而德清"洋家乐"集聚发展的一个重要功效就是把西方"生态、自然、精品"的乡村旅游经营理念引进了德清的乡间。本地的农民通过学习先进理念和经营方式，促进了本土高端农家乐的兴起。具体来说，旅游产业集群激发创新的主要机理如下：

首先，旅游产业集群为游客、各旅游服务商和相关支撑机构等方面提供了一个地域性的信息交流平台，可以激发整个旅游活动过程及旅游观念的创新。而旅游机构之间的相互交流和学习不仅有助于企业相互之间吸取经验以改变产品与服务，还有助于从整个旅游产品产业链上进行创新，充分发挥旅游业的规模效应。

其次，旅游产业集群有利于促进集群内企业形成一种良好的创新氛围。集群内各旅游企业彼此接近，会受到竞争的隐性压力，这既促进了处于横向"互补—竞争"关系中企业间的竞争和合作，又促进了处于纵向"供应商—用户"关系中企业间的竞争和合作。为了提升自己在市场内的关注度和竞争力，各旅游企业不断进行产品创新、业态创新、服务创新和组织管理创新，以便获得集群内竞争优势，形成你追我赶的良好局面。

最后，最重要的是旅游产业集群发展实现了消费的集聚。这种消费的集聚使得消费的多样性和多层次性可以得到比较充分的发掘，为旅游业态的创新发育提供了良好的市场支撑。如果没有一定规模的消费市场的集聚，消费的多样性的市场化开发就难以成功。当游客规模达到一定水平以后，针对不同性别、年龄、教育程度，以及其他各种偏好的专业化、多样化旅游服务就会产生，比如针对儿童、妇女的专业化服务，以及偏好文化艺术、体育运动、购物休闲、保健养生等相关旅游服务业态的创新。这种创新对于提高游客满意度、丰富旅游的内容、提高集群的整体竞争力都有着极其重要的作用。

三、极化效应

极化效应是指增长极的推动产业吸引和拉动周围的相关要素与经济活动不断趋向增长极，从而加快增长极自身成长的现象。极化效应是经济地理学或区域经济学中的一个重要概念，最早是由美国经济学家艾伯特·赫希曼提出来的。[①] 在旅游产业集群发展过程中，极化效应主要包括地区品牌放大效应和高素质人才、现代化管理等要素的吸附作用。这种极化效应对于提高地区和产业的竞争力具有重要作用。

---

① ［美］艾伯特·赫希曼.经济发展战略 [M].曹征海，潘照东，译.北京：经济科学出版社，1991.

（一）品牌放大效应

旅游产业集群发展具有重要的品牌提升和放大作用。实施旅游产业集群战略易于凸显区域旅游产业的整体形象，形成区域品牌优势。旅游相关企业、产品向一定区域集中，可以使优势旅游资源或旅游企业的品牌效应得以"集中化""外部化"，从而使集群内提供旅游产品和服务的企业受益，使所在地区受益。旅游产业集群的品牌放大效应主要体现在以下方面：

首先，旅游产业集群有利于扩大区域品牌的市场知名度。这主要是由于旅游企业在某个地域上的集聚往往会产生"眼球效应"，有时候还会形成"政治眼球效应"，这样就会极大提高游客、政府、新闻媒体等对集群区域的关注度。

其次，旅游产业集群有利于获得持续的品牌效应。区域品牌相比于单个企业品牌效应更形象、更直接、更有吸引力，具有更小的风险系数，更高的价值，更广泛、持续的品牌效应。区域品牌的持久性使得旅游产业集群整体上更具有市场生命力。

（二）吸附效应

产业集群的吸附效应主要是指集群凭借具有竞争力的产业集群现象，吸引各种高素质生产要素和资源聚集的效应。由于存在需求方规模经济，旅游生产要素会自发地向旅游产业集群的地区集中，进而形成区域内企业集聚优势明显的旅游中心地，并逐步成长为区域旅游增长极。在横店影视城、德清"洋家乐"等旅游产业集群发展过程中，都明显存在这种吸附现象。巨大的吸附作用不仅有利于促进旅游产业集群竞争力的持续提升，进而形成良性发展的内在机制（见图3-5），还对于促进当地经济发展、形成新的经济增长点有重要意义。

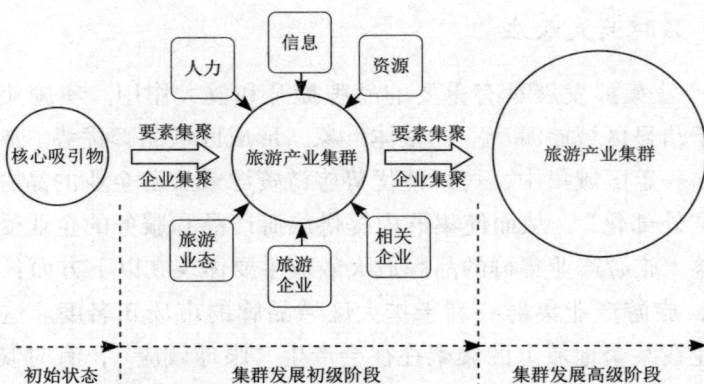

图 3-5　旅游产业集群的极化效应机制

四、区域综合带动效应

旅游产业集群的区域效应主要是指旅游产业集群对集群区域的社会、经济、文化、生态等方面的影响和促进作用，其最为突出的是带动所在地经济发展、社会文化和生态环境改善，进而提升一个地区综合发展的层次。

（一）区域经济效应

其一，区域经济的产出效应。旅游产业集群化发展能够有效延长旅游产业链，通过更多类型的旅游企业与国民经济相关产业发生关联，进而使集群覆盖到更广泛的经济部门，最大限度地发挥旅游产业对区域经济的牵动效应，从而对区域经济产出总量（如 GDP）产生极大的促进作用。

其二，巨大的引资效应。旅游产业集群的投资拉动作用日益显现。旅游资源开放式投资经营的机制使旅游业成为吸纳非公有制经济的平台和吸引各类投资的渠道。德清县目前已拥有 50 多家不同规模的"洋家乐"，规模化的运营和区域品牌的塑造对国内外资本形成了巨大的吸引力，以至于德清县提出了"选商引资"的战略，一改以往多多益善的招商思路。

（二）区域社会效应

旅游产业集群不仅能够促进本地居民增收、吸纳当地就业，还对当地社会文化具有重要的推动作用。具体来说，旅游产业集群的区域社会效应主要表现在以下三个方面：

首先，旅游产业集群有利于促进当地居民增收。旅游产业集群发展不仅可以汇集各类旅游企业及相关服务机构，还会形成更大规模游客的流入。这为当地居民参与旅游业发展提供了广阔的空间，拓展了当地居民的增收渠道，主要包括经营性资产收益、就业收入、个体经营性收入等，从而大大促进了当地居民增收。特别是在农村地区，旅游产业集群发展带来的大量游客流，一方面会提高当地农产品的价格，另一方面会促进当地农业与旅游业的融合化发展，这两个方面都将大大提高当地居民的收入。

其次，旅游产业集群有利于带动当地居民就业。旅游就业具有容量大、包容性强、关联带动性强、就业门槛低、就业方式灵活、就业成本低等特点，旅游产业集群的就业带动效果尤为显著。每增加1个直接就业岗位，可间接产生7个就业机会。旅游产业集群给区域就业带来的拉动作用十分明显。

最后，旅游产业集群的社会文化效应。旅游产业集群对区域内的社会文化提升也起到十分重要的作用。一方面，产业集群有利于挖掘本地文化，融入旅游业态开发中，形成主题化业态和文化消费，彰显本地文化的经济价值，这反过来会提高当地政府、居民对本地文化的价值认知，进而促进优化对传统文化的保护。另一方面，在集群发展过程中，政府会更加重视对区域旅游基础设施的投入、旅游社会环境的改善、旅游生态环境的优化、区域旅游品牌的培育，无疑将改善集群区域的旅游环境和生活环境。这既提高了游客的旅游体验质量，又可以提升当地居民的生活和生命质量，形成积极的社会文化效应。

（三）区域生态效应

旅游产业集群的区域生态效应不容小觑。旅游业以环境友好的方式实现集群发展，能够很好地避免对环境的污染，减少对自然资源的巨大消耗。同时，旅游产业集群一旦形成，有利于促进政府加大对集群区域交通、环卫、绿化等环境设施的投入，从而优化区域环境。比如，德清"洋家乐"的快速发展促使德清县加大了改善生态环境的力度，对环莫干山区域内的笋厂、氟石矿、竹拉丝企业等产业先后开展专项整治，推进限养区生猪养殖污染治理，实施生态养殖，结合"四边三化"行动、"和美家园"建设，积极开展农村环境连片整治，建设美丽乡村，不断加大生态补偿投入。这些举措进一步优化了"洋家乐"生态酒店集群发展的外部环境，也塑造了德清"高端生态旅游"的品牌。

第四章　区域低碳旅游发展模式研究

区域旅游系统是一个网络系统。大尺度区域旅游系统的创新不仅仅止于微观主体的低碳化方式或方法，它更依赖于区域旅游网络系统中不同维度的节点，组成创新网络联盟，共同推动区域旅游系统的网络化创新。建构区域旅游低碳创新体系是驱动区域旅游系统实施网络化创新的重要方式。本章着重举例论述了生态环境网络、轨道交通网络、游客集散中心等几种区域旅游创新模式。

第一节　区域旅游低碳创新系统的理论建构与运行

关于旅游业低碳化创新模式的探讨，主要集中于微观层面的旅游企业、中观层面的旅游城市方面，主要从产业视角，包括基于产业活动的过程、旅游产业主体及旅游产业客体，来建构低碳旅游的发展模式，并且多以实证研究为重。有少数学者致力于大空间尺度（以省为多）的旅游业低碳化发展措施的探讨，在一定程度上表明实践领域低碳旅游的发展也正在从微观层面向更大空间尺度的宏观层面发展。

与研究微观层面旅游主体低碳创新模式所不同的是，大尺度区域旅游系统的低碳创新更关注如何推进不同类型的旅游微观主体低碳化创新的联动和扩散，进而推动区域旅游业的低碳发展和可持续发展。区域创新网络理论认为，构建区域创新体系对于推动区域创新、提升区域竞争力意义重大。陆小成和刘立提出建构区域低碳创新体系对推动区域低碳创新不可或缺，[①] 依此建构区域旅游低碳创新网络体系，推进区域低碳旅游业的发展。基于区域创新体系固有的地域性特点，区域旅游低碳创新体系的建构也应当因地制宜，由此也可呈现出不同的创新体系，表现为不同的模式。

---

① 陆小成，刘立. 基于科学发展观的区域低碳创新系统架构分析与实现机制 [J]. 中国科技论坛，2009（6）：32-36.

一、区域旅游系统低碳创新的基本认识

（一）区域旅游系统低碳创新的地域性

地域性是区域创新的基本内涵之一。一定的地域空间即构成区域，它在空间上的含义有两个层面：一是自然含义，泛指一定的地域空间，即一定范围的土地或空间的扩展；二是社会含义，是以人为主体的政治、经济、文化辐射所涉及的社会和地域空间。《现代经济辞典》对"区域"定义如下：区域是指根据一定的目的和原则划分的地球表面上一定的空间范围。它是因自然、经济和社会等方面的内聚力而形成的，并由历史奠定，具有相对完整的结构，能够独立发挥功能的整体。内聚力、结构、功能、规模和边界是构成区域的五大基本要素。区域作为一个地理空间概念，是空间因资源、人口、产业、文化、政治等变量差异导致的空间异化。区域具有一定的面积、形状、范围或界线，其内部的特定性质或功能相对一致而有别于外部邻区。

从系统论的角度来说，区域属于区域旅游系统的重要组成部分，[1] 其构成了区域旅游系统的环境子系统。20 世纪 80 年代以来，区域作为影响经济发展的重要内生因素已被新经济地理学派纳入主流经济学的分析框架中。受区域发展阶段、发展方式、资源禀赋、贸易结构、锁定效应等因素的影响，区域碳排放水平的重点领域和碳排放水平不同，区域低碳创新的模式也不同。旅游业方面也如此，区域生态资源基础禀赋、区域公民的社会环保意识基础是影响区域低碳旅游发展的重要基础。对于大尺度的区域空间，区域内的资源基础也会存在多个异质空间，因此，联动创新的难度就更大。

（二）区域旅游系统低碳创新的多元性

1. 基于空间视角

区域旅游的实践源于旅游者在地域上的无边界的旅游空间行为。旅游者在一次旅游行程中总是希望能到达更多的旅游点，如欧洲，国家比较多，交通方便，区域旅游自然发展；而旅游目的地为了满足旅游者的这种需要，也为了扩大旅游业的市场规模，于是通过区域旅游合作，致力于突破地理或行政上的空间壁垒，形成跨越多层次行政空间的旅游区域。

---

[1]　郭长江，崔晓奇，宋绿叶，等.国内外旅游系统模型研究综述 [J].中国人口·资源与环境，2007（4）：101-106.

由此，区域旅游体现为两个层面的含义。一是作为动词来用，指旅游者的跨区域旅游空间行为，可归纳为五种旅游行为空间模式：单一目的地旅游（模式一）、线型旅游（模式二）、基营式旅游（模式三）、链式旅游（模式四）和环型旅游（模式五）。[①] 二是作为名词，旅游地理系统（O–D 模型）将其区分为客源地、目的地和旅游通道三个空间要素。黄金火、吴必虎认为，区域旅游即特定的旅游目的地，由目的地区域、旅游区、节点、区内路径、入口通道等空间要素构成。[②]

吴晋峰、包浩生基于空间视角，以旅游目的地、客源地为网络节点，以旅游交通为节点之间的连线，建构了区域旅游系统的网络空间结构模型。[③] 其一，从空间角度来看，区域旅游低碳化创新不仅止于一个微观节点的创新，还涉及客源地系统、通道系统和目的地系统多个空间节点的低碳化创新。其二，对于不同区域，其旅游空间结构不同，在很大程度上也反映了区域旅游流的格局，尤其是区域旅游交通的结构性差异，因此，区域空间内不同节点的碳排放水平是有差异的，节能减排的动力和基础也不同。

2. 基于产业视角

狭义上的区域旅游系统是指区域旅游产业系统。旅游业作为一项综合性产业，具有很强的产业关联性，既受到相关"上游"产业的制约，又能带动相关产业的发展，与国民经济中诸多产业存在关联。黄常锋、孙慧、何伦志根据投入产出方法中的直接消耗系数和列昂惕夫逆阵，以及产品分配系数和戈什逆阵，识别出我国旅游业的"后向关联"产业和"前向关联"产业，提出旅游产业链并非"链状"结构，而是"网状"结构，建构了旅游"产业网"模型。[④] 袁宇杰核算了这些关联产业的间接能源消耗和碳排放，结果发现，旅游消费增长所诱发的能源消耗会对各类能源产生影响，但是其对石油与天然气类能源的影响最为明显，同时，单位旅游消费间接碳排放为 0.449 万元，其部门构成为交通运输、仓储和邮政通信业占 44.72%，批发、零售

① 杨新军，牛栋，吴必虎.旅游行为空间模式及其评价 [J].经济地理，2000（4）：105-108，117.

② 黄金火，吴必虎.区域旅游系统空间结构的模式与优化——以西安地区为例 [J].地理科学进展，2005（1）：116-126.

③ 吴晋峰，包浩生.旅游系统的空间结构模式研究 [J].地理科学，2002（1）：96-101.

④ 黄常锋，孙慧，何伦志.中国旅游产业链的识别研究 [J].旅游学刊，2011，26（1）：18-24.

和住宿、餐饮业占 34.55%，其他服务业占 20.73%。①

虽然不同区域旅游产业的关联产业及其关联程度可能存在差异，但总体上来说，区域旅游系统的低碳化创新依赖区域旅游业及其诸多关联产业主体的联动创新。

3. 基于利益相关者视角

利益相关者理论认为，区域旅游系统是由一系列利益相关者构成的系统，这些利益主体的经济行为构成了旅游产业的经济活动过程，它们横向连接，形成区域旅游产业链，在特定空间上积聚，发展成为区域旅游产业集群。对于一个大尺度的区域而言，其往往存在数量不少的利益相关主体，形成了并非单一的旅游产业集群和旅游供需链。正如波特所言，形成国家竞争优势的关键在于推动产业集群的创新，因此，区域旅游系统低碳创新的关键也在于区域旅游产业集群的低碳化创新。卞显红基于旅游产业主体视角，以特定地域内旅游产业集群内各类利益相关主体为节点，以各类主体之间的关系联结为连线，建构了区域旅游产业集群的网络组织结构模型，并将其分为核心网络、辅助网络与外部网络。②

低碳旅游依赖于利益相关主体共同采取行动，一般认为主要涉及政府、旅游企业（旅行社、旅游酒店、旅游景区）、旅游消费者及旅游社区等。由于不同区域产业集群成长机理具有差异，不同利益相关者的关联关系及其在网络中的作用不尽相同。区域产业集群低碳创新应重点发挥核心主体的作用，带动广泛的相关主体共同参与。

空间、产业、利益主体之间存在一定的归属关系，利益主体要素必然归属于一定的产业范围，而产业又归属于特定的区域空间。这意味着区域旅游系统的低碳创新必须兼顾三个维度的区域旅游网络节点要素的联动。

（三）区域旅游系统低碳创新的网络基础

从网络视角来解构区域旅游系统被认为是一种最切合实际的理论视角，即区域旅游系统是一个网络系统。对于旅游核心要素构成的区域旅游产业集群内部及其之间的关系网络，我们称之为区域旅游系统的内部关系网络；与

① 袁宇杰.中国旅游间接能源消耗与碳排放的核算 [J].旅游学刊，2013，28（10）：81-88.

② 卞显红.旅游产业集群网络结构及其空间相互作用研究——以杭州国际旅游综合体为例 [J].人文地理，2012，27（4）：137-142.

其他关联要素之间的关系网络，我们称之为区域旅游系统的外部关系网络。根据格兰诺维特的"嵌入性"理论，即"经济嵌入社会"，区域旅游网络镶嵌于区域网络中，是区域网络的一部分，而特定的区域网络又被嵌入更大空间的网络中。此外，网络是动态变化的。

要素之间形成的关系网络具有多重性。关系网络本身是影响区域旅游业低碳化创新的重要基础。其一，根据博弈论，区域中行为主体的创新行为决策受到网络中其他行为主体的选择的影响。其二，网络本身蕴含着不同的资源基础。社会关系网络是一种社会资本，是实际的或潜在的资源的集合体。不同的网络规模与网络结构蕴含着不同程度和品质的网络资源。此外，不同区域旅游业由于成长的机制不同，以及处于不同的成长阶段，形成的网络基础也不同，信息和资源的分布也不同。一般而言，网络规模越大，网络异质性（网络节点类型的多样性）程度越强，获取创新资源的机会就越多，网络创新的基础就越好；在关系嵌入性的产业集群中，行为主体之间的关系一般为强关系，信息互动比较充分，信息和资源的分布比较均衡；在结构嵌入性产业集群中，则主要以核心企业为中心，信息和资源的分布不均衡。其三，网络也是一种创新的渠道。网络是网络行为主体进行信息交流和知识分享的渠道，也是网络行为主体获取创新知识的重要来源。不同网络结构下网络行为主体在网络中地位和权力分布的差异，不仅决定了其获取创新资源机会的差异，还影响网络信息和知识的传递，从而影响创新的扩散。

就低碳创新而言，不同区域旅游系统与低碳要素（如低碳技术、生态旅游资源、低碳能源、低碳文化等）或要素主体之间既有的网络关系的差异，是影响区域旅游系统低碳化创新方式选择的重要因素。

综上所述，区域旅游系统是一个包含多重关系网络的立体化网络系统。区域旅游系统的低碳化创新是一个复杂的网络创新的问题，它的重点是区域旅游产业集群的低碳化创新，它是一个依赖于多空间、多主体、多产业的协同创新的过程，并且是一个创新不断扩散的过程。区域旅游业低碳创新模式的选择必须考虑其网络基础、地域性特点，以及不同视角下的多元主体等主客观区域环境。对于跨行政区的大尺度区域而言，区域内还存在多个异质空间，这些共同构成了区域创新的基础。

二、区域旅游低碳创新网络系统的建构与运行

（一）区域旅游低碳创新网络的构成要素

一般认为，区域创新体系包括三大基本要素：主体要素，即创新活动的行为主体，包括企业、大学、科研机构、各类中介组织和地方政府；功能要素，即行为主体之间的联系与运行机制，包括制度创新、技术创新、管理创新的机制和能力；环境要素，即创新环境，包括体制、基础设施、社会文化心理和保障条件等。基于这些要素之间的主次关系，不少学者建构了不同的区域创新系统的网络结构。

对于区域低碳创新网络而言，企业、政府、科研院所、民间组织等构成了区域低碳创新的主体要素；从功能角度来看，区域低碳创新系统由低碳生产系统、低碳技术创新系统、低碳创新政策系统、低碳创新服务系统、低碳创新文化系统五大功能子系统构成。环境系统除一般的区域环境要素外（自然禀赋、硬件基础设施、金融资产、人力资本、政府政策等），区域旅游关系网络也是重要的基础资源。此外，外部区域也是区域旅游低碳创新的重要环境，如来自其他旅游区域的外部竞争等。

根据区域旅游低碳创新网络是否嵌入区域低碳创新网络中，可分为嵌入性的和独立性的创新网络。从创新网络的结构上来说，区域旅游低碳创新网络也由区域旅游低碳创新网络组织、低碳创新的功能子系统和区域环境系统构成，如图4-1所示。其中，就创新主体而言，跨区域的低碳创新需要建构上级政府与地方政府，以及地方政府之间纵向与横向的联结机制，需要旅游者、旅游目的地、旅游企业、旅游管理部门等多行为主体的联合，形成区域旅游低碳创新网络组织，它由区域旅游网络系统中多个不同的节点连接而成。区域旅游低碳创新网络的功能子系统主要包括低碳旅游知识的获得与生产子系统、低碳知识技术应用子系统及传播与扩散子系统。

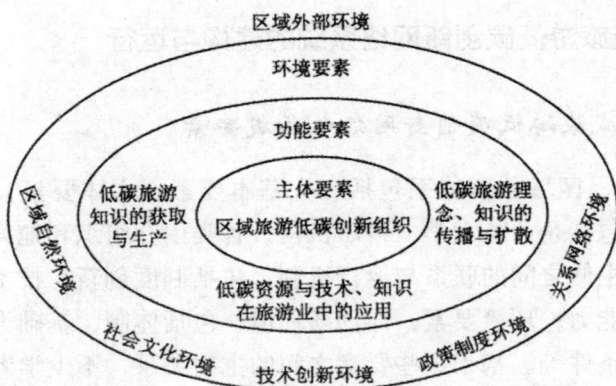

图 4-1　区域旅游低碳创新体系

（二）区域旅游低碳创新系统的驱动力

利益论认为，动力表现为一定的利益追求，也可理解为利益目标。总的来说，追求区域社会、经济、环境的可持续发展是实行区域低碳经济创新的根本利益追求，可持续发展观念是低碳产业集群发展的思想基础，经济绩效是低碳产业集群的直接动力。而这一利益目标往往产生于特定的区域环境，根据其产生的内外因素的不同，区域创新的动力一般分为外部动力和内部动力，其中，外部动力主要来源于市场需求与竞争、政府与科技政策、环境的支持力和推动力等；内部动力主要来源于区域创新网络内的企业家及其员工的物质追求和精神需要（需要满足度越高，人的素质越好，动力就越大），以及区域经济的自组织力。国内外低碳环境的压力和产业集群外公众的市场取舍与监督构成了外部动力。总的来说，从创新的目标（环境）角度来看，根据文中区域旅游网络系统的内外环境分析，区域旅游低碳创新的动力可分为内生动力与外生动力。根据波特的一般创新理论，创新的动力则体现为创新的前提条件，尤其是驱动创新的资源要素和主体要素。波特认为，只有在"钻石模型"的四个基本要素（要素条件，需求条件，相关及支撑产业，企业的战略、结构与竞争）和两个附加要素（机遇和政府）都积极参与的条件下，才能创造出企业发展的环境，从而促进企业的投资和创新。

综上所述，区域旅游低碳创新系统的驱动力是一个由创新的目标、创新的主体、创新的资源要素及创新的活动过程构成的系统。这些要素之间相互依存，相互关联，创新目标因创新主体的存在而存在；创新活动过程依赖于创新主体的实施，是实现创新目标的手段；创新资源要素的存在是实施创新活动的前提，如图4-2所示。

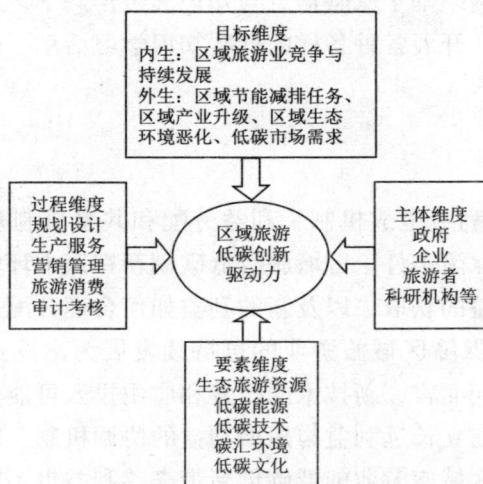

图 4-2 区域旅游低碳创新系统的驱动力

（三）区域旅游低碳创新网络的运行机制

1.协作机制

协作机制是区域旅游低碳创新网络组织实施创新的基础。创新以创新知识的获取为前提。区域旅游低碳创新网络组织成员的创新以相互之间对低碳知识的共享为基础，因此，必须建立相互信任的机制和信息联结的机制，推动低碳创新的知识在网络内扩散与共享。但是，由于不同区域以不同行为主体作为知识的载体，拥有的低碳创新知识基础和创新的能力存在差异，因此，协作机制的建立必须同时考虑相互间的基础关系，以及创新主体在网络中的地位和权利分配，由此建立不同区域的协作机制，形成不同的合作模式。

2.学习与创新机制

学习与创新机制是区域创新网络及其运行的核心机制。行为主体、活动的发生和资源是构成网络的三个基本要素。行为主体参与各种活动，将资源链接到其他主体，而且不断提高自身的知识储存量和积累经验，不断创新。从经济地理学角度来看，低碳经济是以生态文明为指导，以低碳知识的

"区域学习、区域创新、区域合作"为核心发展框架机制，以创新为驱动力。区域旅游低碳创新网络基于低碳信息与知识的协作共享，通过相互学习或模仿实现创新。因此，开展各种各样的低碳知识学习活动，或搭建相互学习的平台机制是基础。

3. 利益机制

利益论认为，利益生成机制、利益分配和共享机制是推动行为主体实施低碳创新行为的保障条件。区域旅游低碳创新在谋求环境利益的同时，必须考虑区域经济利益的获取，以及新的利益如何合理分配。从长远来说，区域旅游低碳创新以保障区域旅游业的可持续发展为出发点，为区域带来长期的发展利益；短期而言，新技术的研发和应用投入可能会导致经济利益流出，因此，首先要建立长远利益与短期利益的协调机制。对于不同的低碳旅游创新主体而言，区域旅游业的低碳创新带来的利益也不同，如政府部门可能从中获取政治业绩，企业可能节约成本或形成特色品牌，公众可能感受到更好的生态环境，等等。创新中需要平衡各方利益才能推动创新的持续推进。

（四）区域旅游低碳创新网络的扩散路径

区域旅游系统低碳化的创新不仅止于微观上的创新，还涉及区域旅游系统的整体低碳化创新。一方面，区域旅游系统的低碳创新不可能一蹴而就；另一方面，区域旅游网络系统本身是动态发展的，因此，区域旅游网络系统的低碳创新是一个过程。

区域旅游低碳创新网络的扩散主要是空间维度和产业维度的扩散，而扩散的路径主要依赖于立体化的区域旅游关系网络基础，在推动创新网络发展的同时，推动既有的关系网络的演化。根据旅游产业链的产业要素维度，区域旅游低碳创新网络的扩散表现为横向网络和纵向网络的扩展，即从其中的一类主体（如旅游中间商）向另一类主体扩散（纵向），或在一类主体内部扩散。旅游空间维度的扩散，即从一个产业集群向另一个产业集群、从一个旅游通道向另一个旅游通道、从内部客源市场向外部市场扩散；区域关系网络、产业关系网络、市场关系网络和社会关系网络是创新网络扩散依赖的网络路径基础，如图4-3所示。

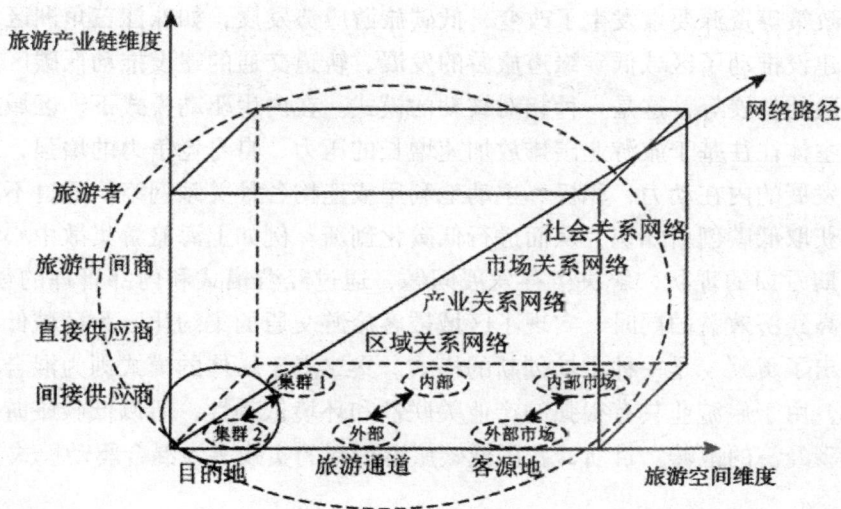

图 4-3　区域旅游低碳创新网络扩散路径

三、区域旅游低碳创新的模式分析

对于模式的划分可以有不同的维度。许正中根据低碳发展的驱动力、发展目标和领先代理商的不同，将区域低碳经济发展模式归纳为三大类和 12 小类；杨淑霞和汤明润则根据区域产业低碳化的方式、能源生产和消费的差异、低碳化的重点、发展低碳经济的方式、开放程度、低碳经济发展速度及主导者的不同，将区域低碳经济发展模式划分为七大类和 17 小类。结合上述理论基础，下面将从区域旅游驱动力、低碳创新网络的构成主体和扩散路径角度对模式进行分析。

（一）基于驱动力的区域旅游低碳创新模式

区域旅游网络系统创新的动力源于内部环境与外部环境的共同作用。因此，从驱动力来看，区域旅游系统的低碳创新存在两个方面的动力来源：一是来自区域外部环境创新的驱动，二是来自区域旅游系统内部低碳创新的驱动。依此，从理论上，可以将区域低碳旅游创新分为三种模式：外生驱动模式、内生驱动模式及混合驱动模式。在外生驱动模式下，区域旅游业低碳创新的动力源于发展区域低碳经济的外在压力或机会。在建设低碳城市、低碳省，或者在修复区域生态环境、发展区域"绿色经济""低碳产业"、调整区域产业结构等背景下，区域生态、交通网络、信息网络、低碳技术、环境、政策等资源要素发生了改变，低碳旅游应势发展，如珠江三角洲区域绿道的建设推动了区域低碳绿道旅游的发展、轨道交通的建设推动低碳区域旅游交通的发展等，这是一种相对被动的模式。在内生驱动模式下，区域旅游网络主体往往基于旅游业碳排放加速增长的压力、自身竞争力的增强，或可持续发展的内在动力，积极、主动地利用或建构各种关系网络，通过不断学习，获取低碳创新知识，从而进行低碳化创新。例如上海旅游集散中心为改变长期亏损的现状，解决生存发展问题，通过经营模式和内部管理的创新，在提高经济效益的同时，实现了区域散客旅游交通的集约化，为区域低碳旅游做出了贡献，是一种主动创新的模式。集二者于一体的模式则为混合驱动模式，由于旅游业具有很强的产业关联性和环境依赖性，所以低碳旅游又属于低碳经济的范畴。目前，我国低碳旅游创新的实践多为混合驱动模式。

（二）基于网络主体的区域旅游低碳创新模式

根据驱动主体的不同，区域旅游低碳创新一般分为政府主导模式、企业主导模式、旅游者主导模式、社区主导模式、非政府组织主导模式及多主体模式等。大尺度的区域旅游业的低碳创新需要不同的旅游空间、不同产业归属，以及政府、企业、科研组织、社区居民、旅游者等不同性质的主体的合作，即从空间维度、产业维度及性质维度三个角度来建构区域旅游低碳创新网络组织。基于创新网络组织的节点要素在空间、性质和产业维度上的组合分布的差异如图 4-4 所示，可形成不同类型的区域旅游低碳创新网络组织。根据不同的维度，区域旅游低碳创新可分为跨区域联盟组织、跨产业（行业）联盟组织或多元（性质）网络组织模式。

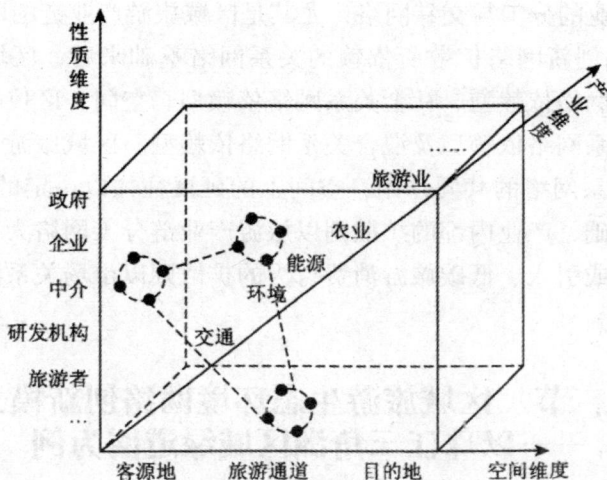

图 4-4 区域旅游低碳创新网络主体的组合维度

（三）基于扩散路径的区域旅游低碳创新模式

区域旅游空间结构的网络化过程表现为从小范围、个别节点的低水平网络化到全区域、全节点的高水平网络化，呈现"低水平均衡—低水平集聚—低水平扩散—高水平均衡"的动态螺旋式循环上升规律，呈现出单核集聚、多核互动和网络一体化三种发展模式。将区域旅游网络系统的节点维度根据空间、产业主体和网络三个维度进行划分，区域旅游系统低碳创新的网络化推进路径可以从三个角度来区分。

第一，从空间层面来看，区域旅游低碳创新可以分为协同模式和渐进模式。协同模式是指多个空间同步创新，而渐进模式则是从一个空间向另一个空间蔓延或扩散，或一个旅游产业集群推动另一个旅游产业集群的低碳创新，其网络化的内在机理与区域旅游系统的空间网络结构关系密切，或从区域中心向外围扩散，或从点向线、面扩散。建立跨区域的空间合作网络组织是推进这一进程的重要基础。跨区域低碳经济的形成需要上级政府、地方政府和横向地方政府及市场共同协作。

第二，从主体层面来看，区域低碳旅游创新可以分为横向模式、纵向模式及交叉模式。横向模式即低碳旅游创新在同类旅游主体间扩散，如从一间旅游饭店向另一间旅游饭店扩散，从一个景区向另一个景区扩散；纵向模式则指创新在旅游产业链不同主体间扩散，从旅游景区向旅游饭店扩散。前者进程主要依赖于区域旅游行业组织的网络化程度，如饭店协会等；后者则依赖于旅游产业的分工与交易网络，尤其是区域旅游产业链的网络化程度。

第三，从创新网络扩散所依赖的关系网络基础来看，区域旅游低碳创新可分为分工网络依赖型、社会关系网络依赖型、空间（区位）关系网络依赖型、市场关系网络依赖型及混合关系网络依赖型。区域旅游低碳创新往往依赖于多种关系网络的共同作用，空间上的延展往往以一定的空间（区位）关系网络为基础，产业内部的扩散则以旅游产业链分工网络为基础，低碳旅游技术的扩散或引入、低碳旅游消费行为的扩散则以市场关系网络和社会关系网络为基础。

第二节　区域旅游生态环境网络创新模式
——以珠江三角洲区域绿道网为例

在低碳经济背景下，基于宏观层面、中观层面和微观层面的低碳经济发展模式的研究引起了极大的关注。低碳旅游作为低碳经济的一部分，被认为是旅游业可持续发展的一种新方式，也成了研究的热点，研究的视角主要集中于微观层面的旅游景区和中观层面的旅游城市的低碳创新，而关于跨区域的低碳旅游创新的研究尚少。珠江三角洲区域绿道网成为跨区域低碳旅游创新的典范，被誉为开创了一个新的"广东模式"。珠江三角洲绿道休闲旅游成为宣传低碳理念、践行低碳生活、发展低碳经济的风向标。

一、珠江三角洲绿道网跨区域低碳旅游创新的基础

在低碳经济背景下，推进以旅游业为代表的低碳产业的发展被视为区域低碳创新的一种模式。珠江三角洲地区作为中国经济发展的前沿地区，以依赖资源、能量的大量外部输入和加工制造产品的大量输出为特色，因其具有高消耗、高污染与高排放的特点，区域生态环境、人们的宜居生活、城市的可持续发展面临严峻的挑战。正是在这种背景下，珠江三角洲区域绿道网工程应运而生。

2010年，珠江三角洲绿道网的建设工作开启。根据规划，珠江三角洲绿道网由区域绿道、城市绿道、社区绿道三级绿道对接构成，6条区域主线连接广佛肇、深莞惠、珠中江三大都市区，6条主线由4条连接线连通，由22条支线连接主要的发展节点，串联200多处森林公园、自然保护区、风景名胜区、郊野公园、滨水公园和历史文化遗迹，构筑起"主线—连接线—支线"相互贯通、"绿点—绿线—绿面"相辅相成的"绿网"。

（一）珠江三角洲跨区域绿道网低碳创新的动力基础

根据《珠江三角洲绿道网总体规划纲要》（以下简称《纲要》）可知，珠江三角洲绿道网建设的动机在于融保护生态、改善民生和发展经济等多种功能目标于一体。

1. 重构区域生态环境

根据广东省住房和城乡建设厅绿道办调研人员的调查发现，珠江三角洲各类生态用地破碎化和孤岛化非常明显。研究表明，珠江三角洲 1985—2006 年土地利用类型发生了很大的变化，1985—1995 年，耕地、林地、水域的面积呈减少的趋势，草地、建设用地和未利用土地的面积呈增加的趋势；1995—2006 年，耕地、水域的面积开始增加，而林地、草地、建设用地和未利用土地的面积开始减少。根据异质种群理论、岛屿生物地理学理论，构建生态网络与绿道网络是解决"景观破碎化"和"孤岛效应"导致的物种衰退和灭绝的有效途径。珠江三角洲绿道网连通城市和农村，同时连通区域中被工业化和交通隔离的绿地斑块，构筑起珠江三角洲结构性生态廊道的保护体，有利于推进珠江三角洲生态环境的协同改善，构建珠江三角洲生态文明区域一体化。

2. 调整区域产业结构，统筹城乡发展

建设绿道网不仅能够保护区域生态环境，对调整产业结构、统筹城乡发展、促进区域经济发展也具有重要作用。改革开放以来，珠江三角洲地区在工业化过程中形成了"高消耗、低成本、数量扩张"的产业发展模式。近年来，这一发展模式遭遇了资源和市场两大壁垒的制约而无法继续前行，产业转型、产业结构升级迫在眉睫。珠江三角洲绿道网以生态为基底，集交通、人居、旅游、生态设施等功能为一体，连接乡村、城区、河流、风景区及社区等空间，通过交通衔接、设施共享、生态融合、资源整合、产业联动和市场引导，提升区域生态质量，优化共享环境，强化绿色导向发展，对发展绿色经济具有突出的作用，是推进宜居城乡建设的新举措。绿道对区域旅游发展具有明显的影响作用，主要表现在生态观光、低碳旅游、自然与人文体验、游憩度假、康体健身和环境教育等方面，更是发展乡村旅游的切入点，有利于保护乡村生态环境、增加乡村旅游基础设施的建设、建设乡村旅游目的地、连通乡村旅游交通。

（二）珠江三角洲跨区域绿道网低碳创新的资源基础

1.区域经济、文化基础

发达的区域经济基础和富于创新精神的区域文化是珠江三角洲绿道网得以快速建设和开发的重要基础。1994 年，"珠江三角洲"的概念首次被正式提出，珠江三角洲成为中国最早开展区域合作的经济区域，具有良好的合作历史基础。珠江三角洲地区也是中国改革开放的前沿阵地，素以务实与"敢为天下先"的创新精神著称。2020 年，珠江三角洲地区生产总值约为89378.95 亿元，是中国经济最发达的区域。

2.差异化的区域旅游资源基础

珠江三角洲 6 条区域绿道串起 9 个城市的 200 多处自然、历史文化旅游景点，并且各条绿道旅游线路各具特色。例如，1 号绿道沿珠江西岸布局，以大山大海为特色；2 号绿道沿珠江东岸布局，以山川田海为特色；3 号绿道横贯珠江三角洲，以文化休闲为特色；4 号、5 号绿道纵贯珠江三角洲中部和东部，以生态休闲为特色；6 号绿道纵贯珠江三角洲西部，以滨水休闲为特色。这主要依赖珠江三角洲区域既有的差异化的城市、郊区、乡村和滨海等生态旅游资源基础。

3.区域交通网络基础

珠江三角洲便利的区域交通网络是保障区域绿道网络可达性的重要前提。

4.区域客源基础

庞大的市场需求是区域绿道发挥绿色经济作用的基本前提。由于其发达的经济基础，珠江三角洲一度是中国重要的旅游客源地之一，也是中国较早实行国民休闲计划和开启本地游的地区。

（三）珠江三角洲跨区域绿道网低碳创新的保障机制

1.政策保障

政策支持涉及财政、土地、税收、金融、行政审批、交通配套等支持政策。其中，珠江三角洲的区域经济基础和灵活的多方筹资方式是珠江三角洲绿道能快速建成的重要保障之一。绿道建设资金由各市负责筹措，基本上"以地方财政为主，社会、市场资金为辅"。其中，深圳、珠海省立绿道资金全部由市政府筹措；佛山省立绿道资金以区、镇（街）为主，市财政给予补贴；肇庆对省立绿道的建设采取导向明确的财政补贴和激励机制，即2010年完成的每千米补贴10万元，2011年完成的每千米补贴5万元；东莞总体规划和标准指引等前期费用由市财政统筹，工程设计和工程建设资金由市财政和属地镇（街）按市镇各50%的比例分摊。此外，还有一些地方的建设资金来源于企业和群众，如珠海金湾区祥祺驿站由政府提供土地，房产开发商出资400多万元建成；广州汽车集团股份有限公司出资110万元建成了广州二沙岛上的穿祺公园。

2. 管理制度保障

珠江三角洲区域绿道网逐渐建立和健全了规划建设、维护管理及绿道监督评估制度。继省市两级层面的《绿道建设规划》及技术指引出台后，珠海、深圳、肇庆、惠州、广州、东莞、江门、佛山先后出台了各市的绿道管理办法或暂行规定。2013年8月，广东省政府正式发布《广东省绿道建设管理规定》，这标志着广东省绿道网的建设、管理、运营长效机制已经建立。在评估制度方面，省级层面成立了省绿道网检查组，市级层面也引入了第三方评估机构，如东莞引入第三方评估机构，通过问卷调查的方式对部分绿道使用者、管理者、周边商户和自行车经销商进行深入访谈，并举行公众咨询会，公布了东莞市绿道网综合评估结果，邀请部门、镇街绿道办代表以及企业、市民及专家代表，对报告和绿道建设提出意见和建议。

3. 利益分享机制

创新价值的实现与共同分享是推进持续创新的基础。对于政府而言，绿道网的建设是一项政绩工程；对于公众而言，绿道可以使他们获得良好的居住和生活环境；对于企业和投资者而言，绿道可以带来新的投资发展机会；对于城乡居民而言，绿道可以增加新的就业机会。

二、珠江三角洲绿道网跨区域低碳旅游创新的主体

创新主体是区域创新系统的核心。珠江三角洲区域绿道网因其规划、建设、运营管理和营销推广活动，将政府、企业、市民、村民、媒体、社会

团体、科研机构、旅游者等不同性质的主体联结在一起，建构了一个立体化的区域创新网络组织。

从空间层面来看，这一网络组织由省和珠江三角洲九市（广州、深圳、珠海、佛山、肇庆、江门、中山、惠州、东莞）两级主体联结而成，是一个省市县（区）联动，市际、县（区）际互联，城市与农村主体共同参与的空间网络组织。其中，根据《广东省绿道建设管理规定》，省人民政府住房和城乡建设行政主管部门作为全省绿道行政主管部门，负责统筹全省的绿道工作，而各属地绿道则拟由县级以上地方人民政府明确专门机构实行属地专业化管理，具体化组织形式则因地制宜。省级层面主要负责区域绿道的统一规划、宣传、立法、协调、指导和监督；绿道建设的资金筹措、土地征用和维护管理则自上而下层层落实到市、县（区）、镇绿道管理部门。

（一）规划建设：政府主导的联盟创新网络

珠江三角洲绿道网的规划建设由省—市—区三级政府层层落实完成，采取"省统筹指导，地方政府建设为主；上下联动，部门协作"的组织模式。省级层面成立了厅规划建设珠江三角洲绿道网工作领导小组，明确 9 个副厅级以上领导负责对口联系珠江三角洲 9 个地级市以上的绿道建设工作，由广东省住房和城乡建设厅牵头，并联合省发展和改革委员会、国土资源厅、财政厅、旅游厅、交通运输厅、环保厅、农业厅、林业厅、水利厅、公安厅、经济和信息化委员会、文化厅、教育厅、体育局等部门组成省宜居城乡建设工作联席会议，主要通过组织编制区域绿道网的规划和指引、建立监督检查、年底考核、适时通报、跨界衔接、信息交流等工作机制对绿道网的规划建设进行统筹协调、技术指导、监督实施。市级层面建立主要领导部署、分管领导负责、职能部门牵头、多个部门联动的区（县、镇）级绿道管理机构，落实建设的联动工作机制。其中，广州市由林业和园林局牵头，深圳市由人居环境委员会牵头，珠海、惠州等市由住房和城乡规划建设局牵头，东莞、江门、中山、肇庆、佛山等市由城乡规划局牵头，其他有关职能部门密切配合，统筹推进城市社区绿道网的规划、资金筹集、土地征用和建设、宣传推广。有些区（县、镇）又将建设任务分给不同的职能部门实施，如四会市政府将示范段绿道分 5 个标段，交由交通、公路、建设、林业、水务局部门负责实施。

（二）运营管理：政企联盟创新网络

绿道管理主要指做好绿道控制区内的生态培育，促进原生环境、自然历史人文资源的维护、保育和恢复，以及绿道内所含的绿廊系统、慢行系统、服务设施系统、标识系统和交通衔接系统的管理维护工作。根据《广东省绿道建设管理规定》，以及市、区出台的绿道管理办法或暂行规定，珠江三角洲绿道网普遍采取的管理模式如下：绿道管理包含的维护、运营实行属地管理，由县级以上地方人民政府明确专门机构实行专业化管理，可采用政府监管和市场化运作相结合的方式进行，职能部门配合做好职能管理工作。绿道慢行系统和公益性服务设施等免费向公众开放，把维护、卫生、治安等管理的责任落实到各级各部门，政府可以通过"购买服务"的方式来管理；售卖点、自行车租赁、停车设施、餐饮等商业性服务设施允许盈利性经营，交由企业运作。绿道日常的管养费用纳入各部门的财政预算，同时鼓励社会或个人捐资、助资认养、认建绿道。其中，广东省住房和城乡建设厅是珠江三角洲区域绿道的主管部门，广州、珠海、惠州、江门确定市园林主管部门统筹全市绿道的管护和运营管理，深圳则由市城管局负责，东莞由市城市综合管理局全面管理，肇庆、中山、佛山由市绿道办统筹。

目前，属地的经营管理参与主体多元化，政府、企业、群众都有所介入，依主体的性质差异总结出了绿道建设的三种经营管理模式，即公共机构经营管理模式（指由相关政府部门、公园或景区管理机构全权负责绿道的规划、建设、管理和维护）、市场化经营管理模式（指旅游公司、房地产公司、自行车租赁公司等企业介入经营或管理绿道中的一部分项目或整体绿道中的一段）、群众参与经营管理模式（指绿道沿线企业团体和居民参与绿道的维护与管理）。公共机构经营管理模式以佛山、东莞为主，如佛山、东莞的公共自行车租赁体系都由政府建设和投资运营。市场化运作比较突出的例子见于深圳和广州的花都区。根据《深圳市区域绿道管养维护运营方案》，深圳区域绿道设施维护、管理标段按行政区域段划分，每个区域的绿化等项目整合为一个标段，由各区以市场化竞标方式选择具有园林绿化资质的企业承担管理任务；区域绿道自行车租赁等商业运营也采用市场化竞标方式，由各区负责招标和监管。广州花都区统一将花都绿道的经营管理权交给了南湖国旅·西部假期，由其负责打理相关事务，包括日常管护与服务设施的运营，维护费用由企业承担。还有些属地，如肇庆还引入了当地的村民来经营。此外，政府还引导媒体和市民参与管理。

（三）营销推广：多元化的混合联盟创新网络

绿道的建设开发为低碳理念的传播搭建了平台，起到了构建低碳文化、推广低碳生活理念的作用。其中，由政府、媒体、明星、非营利组织、社区、企业及市民等不同性质的主体构成的多元化的混合联盟网络组织共同体验绿道、宣传绿道。根据主导地位的不同，总体上可将这类组织分为三类：第一类是以省、市级政府为中心的绿道推广网络组织；第二类是以旅游企业为中心的低碳旅游营销组织；第三类是以社会团体和公众为中心组织的各类绿道赛事或环境与生态宣传教育活动。珠江三角洲九市之间的合作与竞争、学习与模仿是推进区域绿道创新网络组织运行的重要内生机制。

三、珠江三角洲跨区域绿道网低碳旅游创新的路径

区域创新系统的功能创新活动是建构主体网络关系的平台基础，也是获取创新资源的保证，换句话说，它是区域低碳创新形成的路径。而关于旅游业低碳创新的路径，可以从不同的维度加以分析：基于产业活动的过程，要保障规划开发生态化、生产节能化、管理精细化和消费环保化；基于产业要素的角度，要通过营造低碳旅游吸引物、建设低碳旅游设施、倡导低碳旅游消费方式、培育碳汇旅游体验环境来实现；基于空间的角度，则要从目的地、客源地和旅游通道三个空间层面来实现。

（一）过程维：规划—建设—营运—推广

1. 规划生态化

《纲要》运用生态学原理，重视生态资源的搜集与科学分析的前期准备，制定了优良的生态系统规划目标及相关评价指标，以生态保育为前提，确定绿道网的选线布局，将绿道在空间上分为绿道控制区与绿化缓冲区，并加以引导控制，体现了生态观的实际应用。珠江三角洲绿道规划建设构建绿道植物群落时，根据所处区位和目标功能的不同，结合现有植被情况，将植被规划建设划分为保育型、林相改造型和风景园林改造型三种类型。对植物多样性的保护与规划建设，既能保证群落的地域性和稳定性，提高生物多样性，又能突出群落的景观价值，最终实现景观及生态化绿道配套服务设施的规划以保护生态环境为基础。

2. 建设低碳化

珠江三角洲绿道网的建设以尊重自然、因地制宜为原则，规避大拆大建，要因形就势、逢树绕路、遇水搭桥，充分利用水边、田边、山边这些在城市规划中不起眼的"边角料"，不占用农田，用生态绿地花园取代钢筋混凝土结构的永久性建筑物和构筑物。据相关人士计算，相较于市政道路每千米 1500 万元，高速公路每千米少则三五千万元、高则上亿元的建造成本，绿道的投入则少得多，平均每千米绿道花费约为 150 万元，从建设上来说也是一种低碳节能的做法。据报道，绿道上的驿站基本上由旧厂房、废弃建筑物翻建而成，最突出的是深圳市的绿道建设，绿道服务设施均采用移动式旧集装箱改造组合建成；绿道标志牌则用回收的废旧枕木、自行车轮胎等制作而成；地面采用以废旧沙石为原料的可循环再造的环保砖和可渗水的铺筑材料；用水则就地取材，在集装箱上设置几个大水箱，将山泉水引流到水箱内储存使用；采用太阳能和风能等天然能源建成绿道照明系统。

3. 功能开发以低碳活动为主，营销推广以"低碳"为品牌

生态型旅游吸引物属于典型的低碳型旅游吸引物的范畴。2011 年年底，综合权威专家、学者及读者的意见，由南方日报社联手广东省旅游局、广东省住房和城乡建设厅推出了"广东十佳绿道旅游线路"产品（见表 4-1），主要以滨海风光（如深圳湾、惠州大亚湾、江门银湖湾）、山湖风光（如佛山千灯湖、肇庆星湖、东莞松山湖）、郊野风光（如珠海斗门、广州增城、广州黄埔）、城市文化（如珠海香洲绿道）为核心吸引物。可见，这些吸引物表现出来的共同特色为生态型特色。珠江三角洲绿道网的功能设计融生态环保、运动休闲、养生康体、文化展示等功能活动于一体。2012 年，广东省进一步明确提出建设绿道"兴奋点"，打造旅游、科普、体育和文化四大功能品牌。

表 4-1　广东十佳绿道旅游线路

城　市	绿道线路	城　市	绿道线路
肇庆	环星湖绿道：串起七星岩的秀水美景	深圳	深圳湾绿道：滨海风情好惬意
珠海	香洲绿道：城市魅力风光无限	江门	银湖湾绿道：绿浪翻滚水乡情
珠海	斗门绿道：郊野风情特色浓	佛山	千灯湖绿道：花香鸟语放飞心情
广州	增城绿道：骑游荔乡叹风情	惠州	大亚湾绿道：滨海韵律山河风骨
广州	黄埔绿道：南国古村显风韵	东莞	松山湖绿道：峰峦环抱湖鸟轻鸣

（二）要素维：生态环境网络驱动低碳游憩产业发展

从要素的角度来看，伴随上述一体化的活动过程的是一系列低碳产业要素的引入和创造。首先以低碳生态理念为指引开展规划，绿道网的建设不仅创新了低碳的生态环境网络（绿廊系统），还带动了生态化的配套设施（包括慢行道、标识系统、基础设施、服务设施）建设，推动了低碳绿道游憩产品的开发，带动了绿道低碳休闲游憩产业的发展，创建了进行低碳公众教育的实践平台，以及引导消费行为向低碳休闲游憩类转变。从上述要素的主体归属来看，低碳游憩产业表现为一个自上而下的过程，一方面由政府带动企业、政府和企业带动公众及消费者；另一方面表现为上层政府（省级）带动下层政府。

从驱动区域创新的基础要素，即生态环境网络的创新来看，可以说低碳游憩产业本质上是跨区域的一种碳汇模式；而从结果来看，则更突出表现为区域休闲游憩产业的低碳创新，属于低碳产业创新模式。

（三）空间维：协同与渐进并行

区域空间层面，珠江三角洲9个城市采取同步建设开发的方式来快速推进区域生态网络的构建。根据2012年对珠江三角洲绿道网建设进度的统计，历时3年，珠江三角洲区域绿道网络已基本成型，各城市基本都能超额完成任务，说明区域绿道网络在区域内部得到了进一步的延伸。2013年，珠江三角洲区域绿道网进一步向省内、区外扩展，绿道网在区域内外表现出扩散的态势。而在市域空间层面，绿道网建设则表现为一个渐进发展的过程。首先，从绿道层级来看，根据《纲要》，区域—城市—社区三级绿道的建设分别按不同速度推进；其次，从绿道功能开发的推进路径来看，主要采用以"点"带"线"、由"线"及"面"的推进模式，即通过"公共目的地"的点的开发带动区域绿道网的整体开发。

综上所述，可以从三个维度构造出珠江三角洲跨区域绿道网的低碳创新路径，如图4-5所示。事实上，过程、要素及空间各层面的创新路径共存于一体，一体化的过程，创新活动是基础，要素的创新路径是过程创新的结果，过程创新和要素创新又必须以空间为载体，它们在空间上的行进过程体现为空间层面的创新路径。

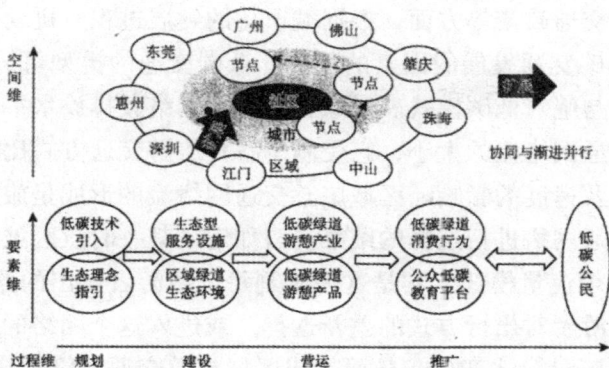

图 4-5 珠江三角洲跨区域绿道网低碳旅游创新路径

第三节 区域旅游轨道交通网络创新模式
——以广珠城轨、武广高铁为例

低碳交通是根据各种运输方式的现代技术经济特征，采用系统调节和创新应用绿色技术等手段，实现单种运输方式效率提升、交通运输结构优化、交通需求有效调控、交通运输组织管理创新等目标，最终实现交通领域的全周期、全产业链的低碳发展，促进社会经济发展的低碳转型。近年来，中国大力开展高铁、轻轨及地铁等轨道交通网络的规划建设，这一举措对区域旅游交通也产生了深远的影响。与常规城市交通工具相比，轨道交通具有运量大、效率高、污染小、能源消耗低、噪声低、占地少、乘坐舒适方便等特点，在城市节能减排、环境质量影响、生态影响等方面体现了明显的低碳经济特征。

轨道交通网络的建设极大地便利了人们的生活、工作与出行旅游。轨道交通的建成对旅游产业究竟起到了怎样的作用，其节能减排的效果又如何呢？这不仅取决于轨道交通是否具有规划设计的科学性、网络布局的合理性、低碳技术的运用性、运营管理的高效性，也取决于旅游者出行时对交通工具的选择。

一、区域旅游交通网络低碳创新模式的理论解析

（一）区域旅游交通网络碳排放的影响机制

影响交通碳排放的因素包括土地利用、交通方式结构、交通拥堵、新

技术的运用及交通政策等方面。根据城市化的发展进程、机动化发展的水平等影响区域低碳交通发展的因素的不同，低碳交通的类型可分为传统模式、相对低碳模式与绝对低碳模式。区域旅游交通网络碳排放水平从根本上取决于区域旅游交通网络流的大小，它受制于各种旅游交通方式比例结构及其流量、旅行距离及速度的影响。区域旅游交通网络流的形成是旅游者或旅行社基于现有的交通网络进行选择的结果。假如定义某一时点区域旅游交通网络流的格局为一个流量模式，它是这一时刻每个旅游者做出的路线选择结果，其中，任一旅游者对出行方式的重新选择，或进入这个网络的新旅游者都会引致一个新的流量模式产生，从而造成区域旅游交通网络碳排放量的差异，即一定区域范围内，旅游者的共同选择决定了区域旅游交通的碳排放水平。

第一，出行方式选择是居民根据自己的个人属性、家庭属性，以及出行目的、出行距离等交通特性，选择最适合出行的一种交通方式的过程，且影响居民出行方式选择的因素是多方面的、复杂的，除了旅客自身特性，其他影响旅客交通方式选择的客观属性逐渐被归纳为交通工具的迅速性、安全性、准时性、舒适性、经济性和便捷性。按照效用最大化原则，在旅行距离不同的情况下，对于公路、铁路和航空三种交通方式的选择，根据效用函数，游客的时间成本越高，选用快速交通工具的综合效用就越高。因此，交通工具影响或引导旅游者的出行选择，而旅游者的出行选择影响区域旅游交通网络流量，从而影响区域交通碳排放水平。

第二，区域交通网络的建设影响旅游者对各种交通方式的特性的比较评估。其中，交通的便捷性评估除与旅游者离交通站点的距离、与目的地的衔接程度、是否需要转乘及行车速度等因素有关以外，还与其他竞争性的交通方式的对比有关。因此，区域交通主要通过增加建设来影响区域交通网络的布局，从而影响旅游者对区域轨道交通特性的比较评价，进而影响旅游者的出行选择。区域交通网络的发展会引致区域旅游交通网络流的改变，从而影响碳排放的变化。不同区域由于经济基础、产业基础、自然环境、人口规模等基本条件不同，区域道路交通建设或改造的动机也不同，而动机包括扩大内需、促进区域经济的发展、调整区域产业结构、促进旅游业的发展、缓解能源危机、方便居民出行等。建设动机的差异影响区域交通网络的布局。

第三，交通工具自身的低碳化水平决定碳排放的水平，这取决于传统交通工具的低碳创新和新型低碳交通工具（如轨道交通和新能源车）的建设或投入。同时，区域交通网络规划建设的动机、区域经济基础及区域低碳技术的发展水平也影响区域交通工具的低碳化创新。

（二）区域旅游交通网络低碳创新的路径模式

1. 推动区域交通道路的网络化建设

第一，从供给角度来看，新增公共交通或低碳轨道交通能增加区域公共交通的便捷性，影响旅游者的选择。从综合交通体系规划的角度来说，建设"零换乘"的综合交通客运枢纽有利于减少道路私家车的数量。对于私家车、普通列车的限制性供给也会影响旅游者出行的选择，如高铁开通的同时减少普通列车的对开次数，而且，由于高铁兼具便捷性、安全性、舒适性和准时性等特点，高铁的开通冲击了短途航班的客源市场。

第二，合理的区域交通道路网络化建设有利于提高区域交通网络的承载力，增加区域旅游交通的容量；同时，在供给面上有利于催生更多新的旅游目的地，分散旅游者的流向，从而减缓区域旅游交通网络的拥堵水平和旅游地的区域生态压力。

2. 加强低碳技术在区域交通中的应用

在旅游者的选择不改变的情形下，对于某一特定的区域旅游交通网络流量模式，区域旅游交通的减排依赖于区域交通自身的低碳化创新。减碳需要从结构性减碳、技术性减碳和管理性减碳角度来实行；在经济快速发展的过程中，综合交通能源消耗与排放虽然直接体现在运输生产过程当中，但交通能源消耗与碳排放的大小不仅由交通运输生产过程决定，还与综合交通系统的规划、布局、配置、结构等密切相关；"无缝化"的综合交通货运枢纽可以减少重复作业，通过优化城市对内、对外交通的衔接提高机动车的出行效率，使"低碳"发展理念在目前的交通规划设计中得到实现。徐健认为，低碳生态型道路建设技术的应用是实现低碳交通的重要基础。因此，低碳交通的实现路径主要体现为各种技术的应用，包括低碳技术（低碳、零碳、减碳、负碳、碳捕获与封存技术）的应用、低碳能源的应用、管理技术的应用、规划技术的应用和生态技术的应用。

在航空业方面，碳排放量大主要源于煤油燃料的低效率，同时碳排放量还与机型的类别有关。目前，关于航空业的碳排放的主要策略包括推动航空减排交易机制的发展（如欧盟的 ETS）、加强"碳计划"的研究（如"嗅碳"卫星）、使用生物燃料替代航空煤油燃料（如荷兰皇家航空公司宣布从 2011 年 9 月起从阿姆斯特丹飞往巴黎的航班使用从"地沟油"中提炼出的生物煤油）、建设碳补偿林。

地面交通方面的碳排放差异，除与距离和流量有关外，还与车辆类型、驾驶人的行为、道路类型和拥堵水平（速度）有关。新能源汽车和电气轨道被认为是低碳化的重要路径。目前各国采取的主要措施，如改进内燃机设计、改进燃料油和其他添加剂的性质、使用无铅汽油等都取得了明显的效果。轨道交通，尤其是远程高铁具有明显的节能减排作用。

3. 提高低碳运营管理水平

高速公路运营管理对高速公路交通运输节能减排有着极其重要的影响。高速公路低碳交通运营管理一级评价指标包括道路基础设施状况、道路服务水平、收费站服务水平、养护计划组织水平、交通安全水平和运营管理信息化水平。中国高速公路运营管理目前应加强出行者信息服务系统建设、推广不停车收费系统、加强预防性养护和高速公路紧急救援管理。加州大学河滨分校（University of California, Riverside, 简称 UCR）的研究表明，增加交通流总体运行速度的缓堵项目可减少碳排放，实施缓堵项目后，交通流的平均速度约提高 20 mi/h[①]，减少的碳排放为 20 t，占提速前碳排放的 12%。具体的交通运行管理技术为：缓堵策略（如匝道控制、事故管理、拥堵收费）减轻了严重的拥堵状况，提高了交通流量速度；速度管理策略（如交通执法和 ISA）降低了过高的车速，使车速稳定在 55 mi/h 左右；交通平滑策略（如可变速度控制、动态 ISA）减少了加减速的次数和强度。

4. 调节旅游者的选择

在区域交通网络实现低碳化创新的基础上，区域旅游交通网络流的低碳化还依赖于旅游者选择低碳的交通方式出行，即远途交通中，减少飞机、私家车的出行方式，改选高铁或公共交通等低碳的交通工具。影响旅游者低碳旅游决策的因素有六个，其影响程度按先后顺序分别为环境因素、社会因素、生活方式因素、个性因素、市场因素和文化因素。其中，环境因素、社会因素、生活方式因素是影响旅游者低碳旅游决策最重要的三个因素，文化因素的影响最小。不同性别、不同年龄、不同职业、不同学历的旅游者在做出低碳旅游决策时，影响其进行决策的因素是有显著差异的。行为态度、主观规范、知觉行为控制对旅游者低碳旅游行为意向存在正向显著影响，其中，态度在主观规范和低碳旅游行为意向之间起部分中介作用；产业要素对知觉行

---

① mi/h 为英里每小时，1 mi=1.609344km。

为控制存在显著正向影响；社会环境在 0.05 显著水平上对行为态度、主观规范、知觉行为控制存在显著正向影响；职业在产业要素上存在显著性差异；年龄在产业要素和知觉行为控制上存在显著性差异。游客的低碳旅游交通行为受到低碳旅游交通知识、低碳旅游交通偏好、低碳旅游交通情感、社会责任意识和个体效力五个因素的影响。各因素对低碳旅游交通行为的作用大小不同，其中，低碳旅游交通情感、低碳旅游交通知识对低碳旅游交通行为作用显著；低碳旅游交通偏好及个体效力对低碳旅游交通行为作用不显著。

基于低碳旅游生活行为影响因素，可以从提高低碳旅游设施的便利程度（优化供应方因素）、培养日常低碳生活行为习惯（建立认知基础）、积极开展低碳旅游者教育（提高知觉行为控制能力）、充分发挥意见领袖的作用（利用规范）等方面提出促进旅游者实施低碳旅游行为的具体对策。首先，便利区域低碳交通网络利于影响旅游者选择低碳交通行为；其次，通过传播低碳生活、低碳出行等社会理念和知识，降低低碳交通工具的出行成本，引导公众将低碳特性作为交通出行工具的选择标准，从而引导旅游者的选择偏好向低碳化改变；最后，通过休假制度、信息技术的应用调节旅游者的出行流量和交通选择，减少旅游交通需求集中导致的拥堵性碳排放，避免影响低碳交通工具的最大化效用的发挥。

（三）区域旅游交通网络低碳创新的主体模式

区域旅游交通网络流的低碳创新需要建立双层的创新网络联盟（见图4-6）。首先，区域交通低碳化的创新以低碳技术的创新为基础，因此区域交通本身的低碳化创新在很大程度上依赖于低碳技术的研发机构和推广低碳技术应用的商业组织。同时，政府部门，尤其是上层政府（国家或省级）交通部门是区域交通网络规划建设的主体，因此区域交通的低碳化创新依赖于上层政府、交通企业、研发机构及技术推广机构所建立的联盟组织。其次，要改变旅游者的出行选择，依赖区域地方政府、媒体、旅游企业及相关信息技术提供商等结成创新网络联盟来引导和影响旅游者的出行选择。

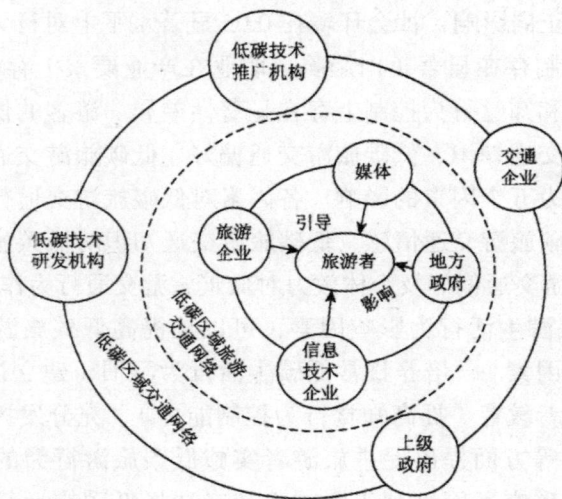

图 4-6　区域旅游交通网络低碳创新主体联盟

当前，中国已经进入轨道交通的高速建设期，包括城市轨道交通和远程的高铁。为进一步了解轨道交通如何影响游客的出行选择，即考察轨道交通对自驾车和公交的影响、轨道交通对飞机的影响，选取广珠城轨及武广高铁进行实证研究。

二、广珠城轨开通对游客出行交通方式选择的影响

广珠城轨，全名为广珠城际轨道交通，又称广珠城际铁路，由北面的广州市广州南站途经佛山市顺德区、中山市，南至珠海市拱北口岸的珠海站，整条线路总长 177.3 km，设计速度为 200 km/h。

广珠城轨沿线上的旅游资源丰富，珠海北站的唐家湾古镇、古镇站的古镇、顺德学院站的清晖园、新会站的小鸟天堂等都是广东省的著名旅游景点，吸引众多游客前往游玩。基于对广珠城轨站附近的景区——顺德清晖园的调查，探索广珠城轨对游客出行方式选择的影响。经过清晖园的公交线路有 301 路、303 路、305 路、309 路、311 路、佛 314 路、319 路、363 路、905 路、906 路、大勒专线、旅游城巴 4 路、佛山城巴禅城至顺德线，可见公交线系统比较完善。

现在广珠城轨在佛山市顺德地区有 5 个站点，分别是碧江站、北站、顺德站、顺德学院站和容桂站。其中，离清晖园较近的站是顺德站和顺德学院站。顺德站是顺德境内的"超级大站"，此站有佛 314 路、349 路、368 路、

370 路、908 路、910 路、915 路、916 路 8 条公交接驳线路，其中，乘坐佛
314 路公交到清晖园站最快，但也要 40 分钟左右，也有其他公交线路可以到
达。出顺德学院站步行 10 分钟左右，到顺德学院公交站，此站有 301 路、308
路、312 路、918 路、925 路 5 条公交接驳线，其中 301 路公交车可直达清晖园。

（一）针对广珠城轨对游客出行方式影响的调查设计

国内外城市游客出行方式选择的相关研究认为，影响游客出行方式选
择的因素是多方面的，主要包括游客的个人属性、家庭属性、交通特性等。
其中，游客的个人属性主要包括性别、年龄、受教育程度、收入、是否拥有
公交卡、是否持有驾照等；家庭属性主要包括家庭拥有自行车、电动车和小
汽车的数量等；交通特性的影响则主要体现在出行目的、出行距离、出行费
用及出行时间等方面。据此设计本次调查问卷，采用定点调查的方法，即选
定广珠城轨顺德学院站附近的清晖园，在周末、平日及"黄金周"3 个时段
对自助游游客进行访谈式问卷调查，共调查 4 个月，并在访谈中及时解答游
客的疑问，从而保证调查的准确性和完整性。本次调查在清晖园共发放调查
问卷 500 份，回收有效问卷 461 份。

（二）广珠城轨对游客出行方式选择的影响

1. 游客特征与交通方式选择

调查问卷中设置了 7 个常住地选项，但是由于中山、珠海及其他城市
这 3 个常住地的游客比较少，数据难以反映出游客的特征，因此在分析数
据时将这 3 个常住地合并为一个，同时命名为"其他常住地"。通过调查发
现，来自顺德、佛山其他区、广州和其他常住地的游客选择公共汽车的比例
依次递减，而选择广珠城轨的比例依次递增，这说明距离越近，游客越倾向
于选择公共汽车；距离越远，游客越倾向于选择轨道交通。家庭人均月收入
越高，选择乘坐公共汽车的游客越少，而选择自驾车的则越多。单独一人、
与朋友或同事同行的调查者偏向于选择乘坐公共汽车，而与家人同行的调查
者偏向于选择自驾车。有 65 岁以上老人或者 7 岁以下的孩子同行，游客会
尽可能选择自驾车到达目的地。拥有私家车的调查者中，有 66.7％选择自驾
车，而没有驾车的游客中有 72.5％选择乘坐公共汽车。

乘坐公共汽车去清晖园而不需要换乘的游客中，有 3％会选择乘坐广
珠城轨，要换乘一次的有 4.5％选择乘坐广珠城轨，要换乘两次及以上的则

有 8.7% 选择乘坐广珠城轨；乘坐广珠城轨去清晖园不用换乘的游客中，有 20.7% 选择乘坐广珠城轨，要换乘一次的乘客中有 16.7% 选择乘坐广珠城轨，要换乘两次及以上的乘客中则有 2.3% 选择乘坐广珠城轨。游客乘坐公共汽车到达目的地要换乘的次数越多，越会优先考虑选择乘坐广珠城轨；如果乘坐广珠城轨要换乘的次数越多，就越少有人选择乘坐广珠城轨。

从表 4-2 中可以发现，游客认为三种交通方式中运行速度最慢的是公共汽车，其次是自驾车和广珠城轨；安全舒适性最差的也是公共汽车，其次是广珠城轨和自驾车；具有经济实惠性优势的是公共汽车，其次是广珠城轨和自驾车，但清晖园以短程游客为主，因此经济性对游客交通方式选择的影响相对较小；具有线路和运营时间熟悉度优势的是公共汽车，这与公共汽车线路较多、车站离游客居住地较近有关系。

表 4-2 广珠城轨、公共汽车、自驾车评价的描述性统计

属性	评价项目	数量	均值	评价项目	数量	均值	评价项目	数量	均值
速度性	广珠城轨速度快	148	4.12	公共汽车速度快	400	3.07	自驾车速度快	100	3.952
		148		公共汽车易堵车	402	3.24	自驾车易堵车	100	3.22
经济性	广珠城轨经济实惠	148	3.76	公共汽车经济实惠	403	4.03	自驾车实惠	100	3.32
熟悉度	熟悉广珠城轨线路	148	2.93	熟悉公共汽车线路	403	3.09			
	清楚广珠城轨运营时间	148	2.56	清楚公共汽车运营时间	403	2.88			
安全及舒适性	广珠城轨安全	148	3.68	公共汽车安全	403	3.53	自驾车安全	100	3.87
	广珠城轨有座位	148	3.57	公共汽车有座位	403	3.11			
	广珠城轨颠簸	148	2.07	公共汽车颠簸	402	3.26	自驾车颠簸	100	2.3
	坐广珠城轨晕车	148	2.02	坐公共汽车晕车	403	2.81	坐自驾车晕车	100	1.92
	坐广珠城轨拥挤	148	2.62	坐公共汽车拥挤	403	3.59			

尽管公共汽车的运行速度较慢，安全舒适性也较差，但却是游客选择比例最高的交通方式，这不禁让人觉得疑惑。通过对交通方式的便捷性进行研究发现，被调查的 461 位游客中，从居住地步行到广珠城轨所用时间在 5 min 内的只有 6 人，5 ~ 10 min 的有 19 人，20 min 以上的有 109 人，不清楚步行时间的高达 303 人；从居住地步行到公共汽车站在 5 min 内的有

126 人，5 ～ 10 min 的有 147 人，10 ～ 20 min 的有 90 人，20 min 以上的有 41 人，不清楚步行时间的只有 57 人。可见，大多数游客从出发地步行去广珠城轨站是比较远的，步行到公共汽车站的时间则要短很多，而且，大部分游客等候到清晖园的公共汽车的时间也不长，集中在 5 ～ 10 min（见图 4-7）。

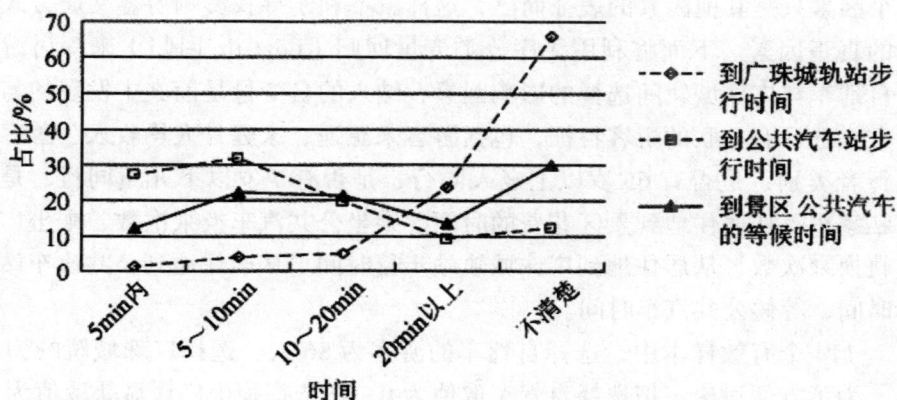

图 4-7　广珠城轨、公共汽车的便捷性对比

从表 4-3 可知，有 36.66% 的游客乘坐公共汽车到清晖园是不需要转乘的，有 24.30% 的游客需要转乘 1 次；选择乘坐广珠城轨的需要转乘一次及以上的有 80 人，不了解的有 325 人，其中不了解的那些游客如果选择乘坐广珠城轨来清晖园至少要转乘 1 次（在调查过程中访谈得知）。综上所得，由于距离及转乘次数，游客在选择交通方式时偏向于选择到站时间较短的公共汽车。

表 4-3　公共汽车、广珠城轨换乘次数

频数	公共汽车		广珠城轨	
	频数	频率%	频数	频率%
0 次	169	36.66		
1 次	112	24.30	43	10.62
2 次	70	15.18	24	5.93
3 次	22	4.77	11	2.72
4 次以上	12	2.60	2	0.48
不了解	76	16.49	325	80.25
合计	461	100	405	100

2. 游客在自驾车与广珠城轨间交通方式选择影响因素的 Logistic 回归

游客特征与其交通方式选择存在某些关联性，但是由于只能逐一分析单个因素对交通方式选择的影响，而这些因素之间本身也存在很大的关联性，会导致即便发现某个因素影响了游客对某种交通方式的偏好，也很可能这个因素只是其他因素的表征而已，这样就不利于寻找影响游客交通方式选择的真正因素。下面将利用无序分类变量回归（Logistic 回归）来探讨游客在自驾车与广珠城轨间选择的影响因素，纳入的自变量是前文中发现的与交通方式选择有关联的游客特征，包括游客来源地、家庭月人均收入、游客的同行者类别、是否有 65 岁以上老人同行、是否有 7 岁以下儿童同行、是否有私家车、从居住地到景区花费的时间、乘坐公共汽车换乘次数、乘坐广珠城轨换乘次数、从居住地到广珠城轨站步行时间、从居住地到公共汽车站步行时间、等候公共汽车时间。

114 个有效样本中，选择自驾车的游客为 86 人，选择广珠城轨的为 28 人。为了方便讨论，把选择自驾车取值为 0，把选择乘坐广珠城轨取值为 1，把选择自驾车作为参照物。为了避免不显著的自变量进入回归模型而导致共线性问题，选择了"向前条件逐步回归法"（forward stepwise conditional）。回归结果显示，观测值为选择自驾车的 86 人中，有 81 人被预测为选择自驾车，5 人被预测为选择广珠城轨；观测值为选择广珠城轨的 28 人中，有 25 人被预测为选择广珠城轨，3 人被预测为选择自驾车，总体预测准确率为 93％。Cox & Snell 伪回归决定系数和 Nagelkerke 回归决定系数分别为 0.525 和 0.781，说明模型总体显著且有效。

从表 4-4 中的游客在自驾车与广珠城轨间选择的 Logistic 回归结果可以发现：①以来自其他城市的游客为参照，广州的游客更倾向于选择广珠城轨，来自佛山（包括顺德）的游客比来自其他城市的游客更倾向于选择自驾车，但这一结果在 10％水平下不显著。②与朋友、同事同行的游客倾向于选择自驾车，而单独一人或与家人同行的游客则倾向于选择广珠城轨。③拥有私家车而选择广珠城轨的概率是没有私家车而选择广珠城轨概率的 0.2％，因此可以发现，基本上有私家车的游客都会选择私家车出游。④从居住地到景区花费时间越长的游客越倾向于选择广珠城轨，说明广珠城轨对于较远距离客源地的游客还是很受欢迎的。

表 4-4 游客在自驾车与城轨间选择的 Logistic 回归

自变量	回归系数	标准误差	Wald 统计量	自由度	p 值	优势比
常住地			8.085	3	0.044	
常住地（1）：顺德	-0.368	1.280	0.083	1	0.774	0.692
常住地（2）：佛山其他区	-1.784	1.585	1.266	1	0.261	0.168
常住地（3）：广州	2.545	1.113	5.227	1	0.022	12.745
同行者			8.922	2	0.012	
同行者（1）：单独一人	6.664	2.231	8.921	1	0.003	783.58
同行者（2）：与家人同行	2.314	1.190	3.778	1	0.052	10.114
拥有私家轿车	-6.301	1.717	13.461	1	0.000	0.002
从居住地到景区花费时间	2.880	0.954	9.109	1	0.003	17.811
常数	-8.430	2.965	8.085	1	0.004	0.000

三、武广高铁开通对旅游者出行交通方式选择的影响

（一）武广高铁对区域旅游目的地可达性的影响

交通格局决定旅游格局。轨道交通不仅会改变沿线城市的可达性，也会改变沿线周边城市的可达性。基于城市可达性的提高，旅游流的分布越来越扩散。旅游业一般把 500 km 内的半径距离、人均支出为 800 元以下、时间为 2 ~ 3 d 的旅游项目称为短线游。

交通方式决定旅游方式，工业化产生团队方式，后工业化促进散客方式。京沪高铁将 1318 km 的行驶时间压缩为 5 h；武广高铁的开通将长沙至广州的列车时间从原来的 8 h 缩短至 2 h，而武汉到广州则从原来的 12 h 缩短至 3 h，将客源地与目的地的距离大幅拉进，使过去的跨省长线游变成了 2 日往返，甚至当天往返的短线游。分别以武汉、广州、深圳、长沙作为出发地，搜索"武广高铁"线路产品时，发现 2 ~ 3 d 的高铁旅游产品占了重要比重（见图 4-8），4 日游、5 日游产品主要为"高铁 + 飞机"的组合方式；从产品的人气来看，2 ~ 3 d 的高铁旅游线路产品人气指数居于前列。沪杭高铁的调查也提出高铁旅游短时化需求将成为一种趋势。旅游行程和旅行时间的缩短，可以大大减少旅行交通和在目的地逗留的碳排放水平。

另外，周末出行比例加大成为高铁旅游的新特点。高铁速度可以使游

客的旅行交通时间控制在 2 ~ 3 h 范围内，因此有利于帮助游客实现周末往返旅游。这对于缓解中国一直以来的黄金周拥堵现象非常有利，也有利于减缓因交通拥堵和目的地拥堵而带来的碳排放。

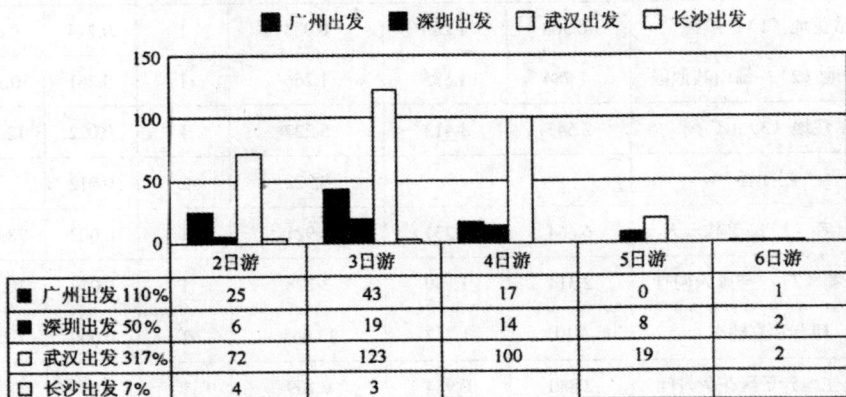

	2日游	3日游	4日游	5日游	6日游
■ 广州出发110%	25	43	17	0	1
■ 深圳出发50%	6	19	14	8	2
□ 武汉出发317%	72	123	100	19	2
□ 长沙出发7%	4	3			

图 4-8　武广高铁旅游路线

（二）高铁对其他旅游交通的影响

以高铁为代表的轨道交通建设有利于旅游者选择更加低碳的交通方式。据研究，日本、法国、德国、西班牙和韩国等国家的高铁交通系统吸引了航空和公路交通系统的 10% ~ 30%。

中长距离旅游者倾向于选择高铁。高铁开通前，以"汽车 + 飞机 + 汽车""汽车 + 列车 + 汽车"为主的旅游交通组织模式正逐渐转变成以"汽车 + 高铁 + 汽车"为主的旅游交通组织模式。有研究认为，从时间的角度来看，在 2 h 运行范围内，高速铁路居垄断地位，一般会占有高端旅客市场的 80% 以上；在 4 h 运行范围内，高速铁路居竞争地位，将会占有高端旅客市场的 5% 左右；在 4 h 以上的行程上，高速铁路居竞争地位，将会分割 20% ~ 40% 的旅客市场。从路程角度来看，1000km 以内航程的航线最易受到高速铁路的冲击。日本新干线、法国 TGV、韩国 KTX、西班牙 AVE 分别有 23%、24%、28%、32% 的客流来自航空。

短程旅游者改大巴游为高铁游。据研究，日本新干线、法国 TGV、西班牙 AVE 分别有 16%、37%、25% 的客流来自公路运输。据旅行社方面的线路组织显示，中国武广高铁开通后，广州—韶关、长沙—韶关等沿途热门短途旅游线路基本都从大巴游变成了高铁游。

此外，还有部分自驾游旅游者弃私家车选择高铁出游或采用"高铁 + 自驾"的方式。关于瑞典 Svealand 高铁线的研究表明，高铁舒适的乘车环境、较低的车票价格及快速而节约旅行时间等优点吸引了相当数量自驾游旅游者使用高铁交通工具。据一项沪杭高速开通后，在上海和杭州进行的乘客抽样调查结果显示，沪杭高铁开通之前，有超过98%的人选择动车组、长途汽车或自驾车前往目的地；沪杭高铁开通后，这些乘客中经常乘坐沪杭城际高速列车的达44.4%，第二次以上乘坐的占61.8%，并且其中有33.2%是以旅游为目的的。从长远来看，高铁被认为一定会成为大众旅游的热门出行方式。在武广高铁方面，一方面自助游比重明显增加，另一方面沿途停站城市的租车业务明显增加，表明"高铁＋自驾"成为一种新的交通组合方式。据调查显示，对于1000 km以内的旅游，85%以上的消费者在高铁和自驾游中选择高铁，62%的消费者希望乘坐高铁进行"一日游"，25%的消费者选择"二日游"。

（三）高铁对沿线区域旅游经济的影响

近年来，火车旅游每年稳步增长，且有着巨大的发展潜力。随着武广高铁的开通，高铁沿线旅游呈现出"井喷"效应，部分沿线城市旅游收入增幅在30%以上。据统计，武广高铁开通十年后，珠江三角洲到武汉、长沙的游客比开通前增长了40%以上。沿线城市旅游经济的同步增长，从另一个层面也说明了旅游流的扩散，在一定程度上体现了对拥堵的缓解作用。

由于出行距离增加，高铁的便捷性、舒适性特征有了明显的体现，加之与飞机相比，其在经济性上也有一定的优势，高铁对飞机的替代效应凸显，对沿途的汽车旅游方式也产生了一定的影响。此外，由于高铁跨越的空间比较大，沿途旅游资源呈现出较强的异质性特点，高铁对沿途旅游目的地的开发带动作用明显，对于推进区域旅游客流的分散和扩散也有明显的影响。

第四节　区域旅游游客集散中心创新模式——以上海为例

随着自驾车增多，自驾游越来越成为中短程旅游市场的主流。与此同时，交通拥堵、景区爆满、游客滞留及垃圾遍地等现象比比皆是。面临旅游市场的散客化趋势，如何集约资源、缓解自驾车出行带来的交通拥堵、引导游客文明旅游、推动中短程散客区域旅游市场的低碳发展等问题引人深思。区域旅游游客集散中心是一个具有较大潜力的创新平台。

一、旅游集散中心的理论研究

（一）旅游集散中心的概念研究

关于旅游集散中心有很多称谓，如集散地、旅游信息咨询中心、散客服务中心等。旅游集散中心是一个集客运、旅游交易、信息咨询、旅游促销于一体的散客自助旅游集散地。从狭义上讲，旅游集散中心是一个以企业或事业单位等形式存在的、为游客（主要是散客）提供旅游产品的组织实体。从广义上讲，旅游集散中心是一种通过整合相关旅游环节从而达到整合地区旅游资源目的的整合系统。旅游集散中心既是一个以企事业单位形式存在的具有公共产品性质、为旅游者（主要是散客）提供旅游服务产品的组织实体，又是整合旅游资源的重要方式和途径，其也可以视作一个旅游资源整合系统或资源整合平台。

（二）旅游集散中心的功能研究

旅游集散中心有旅游出行的中心枢纽、旅游产品推荐和展示、旅游咨询功能、旅游电子商务服务、假日旅游调剂服务、旅游车辆的吞吐集散六大作用。相关学者也将旅游集散中心功能分为直接功能和间接功能：直接功能包括交通功能、游客集散服务功能、旅游中介服务功能、旅游综合服务功能；而间接功能表现为展示城市形象、分流交通压力、节约资源、优化旅游业产业结构、促进旅游业健康发展、打破行政区划限制、促进区域旅游合作和整合。成功的旅游集散中心应该具备旅行社和交通服务的双重优势：收集国内外旅游信息，按需求设计、开发旅游线路；整合相关旅游环节，组装旅游线产品；发展代票、发车网点，方便散客就近出游。

（三）旅游集散中心形成机理的研究

旅游集散中心运行机制可分为整合机制、交易方式变革与专业化分工机制、规模经济机制三大类。国内自助游市场迅猛发展、传统旅游接待服务难以满足现代游客的需求、国内旅游城市持续竞争等因素，促使国内旅游集散中心发展起来。旅游集散中心能否成功，受主观与客观两方面因素的影响，客观方面的因素决定旅游集散中心的选址与建立，而主观因素决定旅游集散中心的发展方向和运营成败。

（四）旅游集散中心规划建设和发展研究

中国旅游集散中心面临着网络建设不完善、部门之间的利益存在冲突等问题。旅游集散中心建设应该遵循完善旅游集散中心网络、完善功能设置和政府主导、协调利益相关者关系的原则。各地应该在了解旅游集散中心本质属性和特征的情况下，根据自身城市的主客观条件，酌情考虑是否需要筹建，以及需要建设何种类型的散客旅游服务平台。旅游集散中心在建设发展过程中，应明确定位、突出特色、加大宣传力度、提高市场认知、完善项目设置、提高服务质量等。

（五）旅游集散中心空间布局研究

旅游集散中心的发展与布局受城市规模、旅游发展水平、区位与旅游吸引物等因素的影响。城市旅游集散中心的布局选址与公共基础设施有密切关系。旅游集散中心的位置应该结合各个城市的具体情况合理规划，考虑规模效益、城市整体布局等因素，可以侧重于某个目标市场，也可以采用多集散中心模式来满足不同市场的需求。旅游集散中心可以分为主站—分站—服务站点的三级支撑，以形成由总部、分中心和支点组成的游客集散网络体系。应当结合城市旅游集散中心优化配置的实际需要，通过设施优化选址模型的甄选、构建、算法设计，以及决策支持系统技术支持，合理配置城市旅游集散中心，努力实现决策的定量化、客观化、科学化。

总的来说，区域旅游集散中心可以视为一个区域旅游资源整合系统或资源整合平台，它兼具多种功能，既具有公共产品性质，也具有经营性质。

二、区域旅游集散中心形成的动因与功能分析

（一）区域旅游集散中心形成的动因

20 世纪 80 年代以后，世界旅游市场出现了散客化趋势，欧美一些主要旅游接待国的散客市场份额达到 70％～80％，甚至有的高达 90％。1992 年，中国客源结构中，散客与团队游客首次平分市场，之后散客比重逐年增加。散客出游需要配套更加完善的旅游综合服务体系。旅游集散中心也正是在这种背景下应运而生的。在低碳经济背景下，如何引导庞大的分散化的散客市场走向集约化，影响自驾游散客改选相对低碳的公共交通，是散客市场节能减排的重点领域。

（二）区域旅游集散中心的功能

区域旅游集散中心的功能可以概括为两个层面：一是内部基本功能，即旅游集散中心满足游客基本需求方面所具备的功能；二是外部扩展功能，即旅游集散中心作为一个城市公共旅游产品所表现出来的宣传、合作等功能。

1. 内部基本功能

（1）旅游交通集散功能。旅游交通集散功能是旅游集散中心最基本的功能。中国旅游集散中心建立初期主要是为了解决散客的出行难问题，其作用相当于城市公共交通。旅游交通集散功能主要体现在两个方面，一是旅游集散中心通过设置定点定线的滚动式发车方式，使游客不再受时间、人数的限制，能够及时、有序地前往旅游目的地，即把散客转化为团队。把分散的散客转化为团队，不仅能够解决传统旅行团因游客少而无法组团的问题，而且能够减少旅游交通碳排放。二是旅游集散中心一般具有交通支持管理、车辆机务维修及车辆配套服务的功能。同时，旅游集散中心周围一般有较大规模的停车场，不仅能提供车辆加油、清洗、维修等服务，为司乘人员提供食宿，还能为游客提供换乘服务，即自驾游的旅客可以把车停在旅游集散中心，换乘旅游巴士。这样不仅能解决交通瓶颈问题，而且可以节省出行时的费用，把载客量少的汽车转换为载客量多的公共交通。

（2）旅游咨询功能。旅游咨询功能是旅游集散中心通过整合旅游资源，提供相关信息给游客的多功能旅游信息服务。游客通过这个平台可以咨询相关景点景区、旅游专线、餐饮住宿、导游指南、旅游包车等方面的信息，还可以进行投诉，维护自己的合法权益。旅游咨询功能的实现形式多种多样，如在旅游集散中心设立咨询站点，发放宣传资料、手册和提供现场咨询服务；通过采用多媒体和数字化技术，利用 LED 电子屏幕滚动式发布旅游产品信息；依托网络建立官方网站，并开通网络自助查询服务；设热线咨询电话和监督投诉电话，受理游客的咨询和投诉。为了实现低碳、减少资源的消耗，更多的旅游集散中心采用低碳技术，即通过对电子媒介和技术的应用来实现咨询功能，以滚动式播放的电子屏幕宣传取代纸质宣传，网络自助查询辅助人工服务咨询，等等。这些都为信息的咨询创造了便利，减少了资源的消耗。

（3）旅游中介服务功能。旅游集散中心作为交通部门、景点景区、住宿餐饮部门等旅游相关产业与游客之间的桥梁，具有中介服务的功能。它可以为游客提供住宿预订、票务代售、导游预约等服务。这样的一个旅游超市能够方便游客一次性解决其票务和吃住问题，不需要分散购买，节省了排队等候购票的时间，以及因购票所产生的额外交通成本。而且，旅游集散中心可以对交通部门、景点景区、住宿餐饮部门等旅游相关产业进行有效的整合，实现资源共享，达到互利共赢。

2. 外部扩展功能

（1）宣传城市文化、形象的平台。旅游集散中心不仅是为了使游客顺利进行旅游而建立，其也代表了该旅游城市的综合形象。一方面，旅游集散中心通过它的优质服务，能够让外地游客及国外游客很好地了解当地文化，乃至全国的文化；另一方面，游客对一个城市的印象受到个人感官体验的影响，一些直接与游客接触的环节往往会影响游客对整个城市的印象。所以，旅游集散中心不仅要注重内在的基础设施建设，还要注重外部扩展功能的规划和完善，在游客心中树立良好的形象。同时，旅游集散中心是一座城市的重要标志，是宣传低碳理念的最佳窗口。

（2）促进区域间的旅游合作、资源共享。当旅游集散中心发展到一定的规模时，在市场的调节下，其可以突破区域的界限，将旅游目的地延伸到周围城市和地区。同时，相邻的城市和地区可以通过旅游集散中心这个平台进行合作，构建区域间旅游合作的良好平台，从而促进区域间的旅游资源合作。这不仅有效利用了相邻区域的旅游资源，还打破了地区之间的行政壁垒。

从低碳的视角来看，区域旅游集散中心形成的动因及其交通集散、中介服务、信息咨询、区域形象推广、区域旅游资源整合等功能，是其发挥低碳创新引导作用的重要基础。

三、旅游集散中心推动区域低碳旅游的路径分析

（一）规划选址

旅游集散中心的规划布局影响区域旅游交通线路的布局，也影响散客市场的出行选择，直接关系到集散中心能在多大程度上改变自驾散客的高碳出行方式，发挥交通的低碳集聚功能。因此，旅游集散中心的规划应当从旅游者、旅游吸引物、城市布局等多方面考虑。旅游集散中心的选址原则有：布置在游客集中且容易到达的地方；与城市旅游客流主方向一致，减少绕

行；应充分考虑自有资源、基础设施、游客流动，以及与其他旅游部门的衔接和协调等。遵循旅游集散中心的选址原则，有利于减少游客换乘次数，缩短游客路程距离，促进低碳交通的实现。

旅游集散中心的服务对象和市场定位的确立影响旅游集散中心的组建方式及经营选址。一般而言，如果旅游集散中心的市场定位为为外来旅游者服务，则可以将其设立在城市的主要入城口的周边，方便与周边城市的交通对接；但如果其定位为为本地居民游服务，则可以安排在居民聚居的区域，方便输送居民到各周边景区或城市。合理的规划定位可以使游客节省抵达或离开旅游集散中心的时间和成本，减少交通转换的次数，缩短距离。

（二）技术支撑

技术在旅游业中的使用对旅游信息中心的运行起着重要作用，只有能够有效地将科技融入旅游信息中心，才能满足游客的旅游需求，提高旅游信息中心服务的效率。从低碳经济的角度来说，信息技术、交通节能技术的应用将有助于节约能源、降低成本、提高效率。

一方面，将先进的信息技术、数据通信传输技术、电子传感技术、计算机集散及控制技术等有效应用于地面交通管理，可以有效地减少交通负荷和环境污染、保障交通安全、提高运输效率。旅游集散中心可以通过全球定位系统（GPS）、地理信息系统（GIS）、电子收费系统（ETC）等技术的应用，使交通运输过程更有效率、更安全。通过建立车辆管理系统、交通监控系统等系统，有效地对车辆实行调度和监控交通路况，避免交通拥挤，使车辆能够以最少的时间到达目的地。电子收费系统则是通过安装在车辆风挡玻璃上的车载器，与收费站电子收费系统的微波天线产生感应，利用计算机联网技术与银行进行后台结算处理。这种方式提高了车道的通行能力，减少了车辆在等待收费过程中排放的 CO_2。智能化交通是实现交通低碳的重要手段，为减少交通碳排放起到了重要作用。另一方面，推动旅游集散中心交通工具的改良，采用节能环保型的交通工具也能进一步减少区域旅游交通的碳排放。此外，区域旅游集散中心完善的信息平台的建立，将有利于区域旅游信息的收集和传播，实时监控区域旅游流量，有利于引导游客出行，减少区域旅游交通的拥堵和保证游客的旅游体验质量。

（三）管理支撑

低碳管理，即对旅游集散中心运营实施低碳化的计划、决策、组织、管理、协调和控制活动，以低碳管理推广低碳的企业精神和文化，树立企业形象。旅游集散中心根据自身情况制定自身的低碳管理战略，同时开展多层次的内部宣传和培训，将低碳理念加入员工的行为准则，完善制度建设；借鉴其他旅游集散中心的做法，并结合自身情况，组织员工学习低碳旅游、低碳运营等相关知识；通过培训、讲座等方式，对全体员工进行低碳知识和低碳理念的教育推广。低碳理念可以自上而下传递，由管理者带动基层员工共同履行节能减排、降低碳排放的社会责任。在内部形象塑造方面，旅游集散中心可以以营造环保节能的氛围、设计使用低碳企业标识和员工制服等方式建立低碳企业文化；在外部形象塑造方面，旅游集散中心可以举行低碳公益行动，甚至发动游客共同参与。

（四）低碳宣传

旅游集散中心向游客提供服务时，应注重对游客宣传低碳旅游知识，传达低碳理念，引导游客进行低碳旅游或低碳消费。旅游集散中心可以为近程旅游的散客提供免费自行车出租，鼓励近程游玩的游客实行低碳出行；还可以建议自驾车游客在交通繁忙时段搭乘公共交通，把自驾游的散客转变为团队，不仅能缓解交通压力，对减排也有重大的贡献。低碳服务可以是一句贴心的建议、温馨的提示或标语，这些都可以达到宣传低碳理念的效果。

（五）产品开发

低碳旅游产品创新是实现区域低碳旅游的基本途径之一。区域旅游集散中心作为区域旅游资源的一个整合平台，是连接市场与供应商之间的中介，在这个意义上，其具有和旅行社同样的中介地位。区域旅游集散中心可以整合区域低碳旅游资源，开发低碳旅游产品，来引导区域旅游产品的低碳创新。

综上所述，旅游集散中心是区域低碳旅游创新的重要主导者。通过旅游交通的集散功能、规划布局的进一步优化、区域低碳资源的整合开发、信息技术和节能技术的应用、内部管理的提升，以及低碳知识与信息的宣传，旅游集散中心发挥出重要的集聚作用，影响着区域游客，尤其是自驾游客的出行选择，促进低碳旅游消费理念的扩散，从而带动区域低碳旅游的发展。

四、实证分析：以上海旅游集散中心为例

（一）上海旅游集散中心概况

上海旅游集散中心成立于 1998 年，成立初期只有 10 条专线，1998 年接待人数仅为 26.97 万人次。1999 年，上海旅游集散中心成立了"上海一日"旅行社，补充内部开发线路，满足游客短线游的需求。2000 年和 2001 年，上海旅游集散中心分别成立了虹口体育场分站和杨浦发车点，为上海旅游集散中心赢来了更多的游客。2001 年，上海旅游集散中心与上海美亚音像连锁经营有限公司联手开通电脑网络售票系统，使游客购票更快捷，当年的接待人数与营业收入有了显著的增长。2002 年，上海旅游集散中心推出了旅游火车专线，更大限度地满足游客的需求。中国 2010 年上海世界博览会（以下简称世博会）期间，上海旅游集散中心累计组织、接待世博会旅游团队 48522 个、游客 200 余万人次，出色地完成了世博会旅游接待服务工作，实现了社会效益和经济效益的双丰收。经过二十多年的发展，上海旅游集散中心的运营为上海旅游经济的发展做出了重要的贡献，为完善城市服务功能和发展做出了贡献，推动了相关产业的融合发展。

（二）上海旅游集散中心的低碳化措施

1. 规划布局

上海旅游集散中心的服务对象主要是上海市市民，其次是外地游客。根据中心的定位，上海旅游集散中心总站设立在上海体育场——上海市市民聚集地。体育场周围市民聚集密度高，面积大，且周边有多条公交线路、地铁、轻轨等，便于疏散客流。为了进一步优化布局，上海旅游集散中心总站于 2012 年迁到漕溪路公交枢纽站旁，但依然是在体育场附近，而且面积更大。同时，为了方便服务游客，上海旅游集散中心在虹口足球场、杨浦体育场、铁路上海南站、长途客运总站、铁路上海站北广场、上海港吴淞客运中心等地设立了分站。分中心的选址与客运站、火车站等其他交通方式相关联，有利于游客减少换乘次数，或者直接从分中心出发到达目的地，减少交通绕路。上海旅游集散中心以总站为中心点，四周分布各分站，形成卫星式的空间布局（见图 4-9），即游客可以任意选择分站发射性前往四周景区，也可以在总站和分站换乘到达目的地。当地居民可以选择从总站出发，向四

周扩散；外来游客可以在分站选择到达的目的地，或换乘到达总站。这种布局既有利于市中心居民向四周扩散，也有利于周边城市游客选择任何一个中心作为始发点和返程点。这种卫星式空间布局和选址让游客无须多次换乘，绕路减少，使用简便的交通方式就可以到达景点。

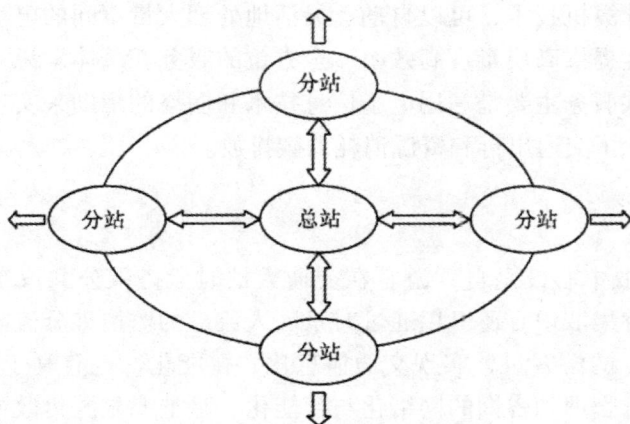

图 4-9　旅游集散中心卫星式空间分布图

2. 低碳产品

自 2010 年上海世博会以来，低碳理念一直影响着上海这座城市的发展。2010 年，上海旅游集散中心为了迎接上海世博会的到来，开设世博专线旅游直通车，组织开展了以"低碳""乐活"为主题的乐游东钱湖活动。之后，上海旅游集散中心陆续推出了各种围绕"低碳"主题的旅游产品。

3. 低碳服务

上海旅游集散中心的低碳服务主要通过对电子介质和网络技术的利用来实行。上海旅游集散中心候车大厅安装了一个 15 m² 的巨大屏幕和 6~8 台大屏幕电视机，专门用于滚动播放上海周边地区的旅游线路、班次、景点、住宿、特色服务等内容。这种屏幕播放式既减少了用纸质宣传所造成的资源浪费，又可以达到良好的宣传效果。同时，上海旅游集散中心的多样售票方式提供"一票到底"服务，让游客不用出门就可以购票。"一票到底"服务即包含旅游来回车票、景点门票、住宿餐饮、导游服务等全部或部分服务内容的套票。上海旅游集散中心与上海美亚音像连锁经营有限公司、世纪联华超市旅行社合作售票，还与杭州、南京、苏州等地的旅游集散中心票务系统进行网络系统连接，合作销售各种旅游票务。全家便利店和 185 邮政送票系统售票，游客还可以通过上海旅游集散中心网站、上海旅游网等进行订票。电子网络售票既减少了纸质售票所造成的资源浪费，也降低了出门购票的交通废气排放。上海旅游集散中心通过利用先进的呼叫中心系统，即利用现代通信和计算机技术，可以自动、灵活地处理大量不同的电话呼入和呼出系统，为游客提供高质量、高效率、全方位的服务。总体来说，上海旅游集散中心的低碳服务主要是利用电子信息技术和网络的辅助来实现，既方便了游客，又减少了交通出行和资源消耗的碳排放。

4. 低碳交通

旅游集散中心鼓励自驾游客在交通繁忙时段搭乘公共汽车，以缓解交通堵塞。旅游集散中心还可以通过对景区人流量的监控来分流部分游客，以均衡冷热景点的游客量，实现交通信息化、智能化，也有利于交通低碳化。实现交通信息管理和咨询的网络化与智能化，是上海旅游集散中心的发展思路之一。交通信息化管理是通过对科学技术的应用，对路况进行实时监控，合理安排交通线路，减少绕行。与上海旅游集散中心合作的所有汽车公司的旅游车辆都安装了 GPS 行车记录仪，从而可以实现对车辆的 24 h 监控，还可以实现远程指挥，而且上海旅游集散中心可以通过定位适时、合理地调度车辆。

第五章　旅游产业与文化产业的
融合发展

　　旅游活动本身也是一种文化交流活动。旅游者既是文化的观摩者，又是文化的参与者。旅游过程中最吸引人、最终给人留下印象最深的是文化，可以说，文化是旅游的灵魂。文化元素作为文化的基本组成单位，是吸引游客的重要因素。所以应该将旅游产业同文化产业相融合，既推动民族文化的传扬，又促进旅游产业的进步。本章分别论述了旅游产业和文化产业融合的动力和手段，有利于推进我国旅游产业同文化产业的相互融合，增强旅游产业经济链的持续发展。

第一节　旅游与文化的关系

一、旅游是文化的载体

（一）旅游发展与文化发掘

　　旅游受制于文化，这是旅游与文化关系的一个侧面。旅游与文化关系的另一个侧面是，旅游毕竟是一种独立的社会文化现象和经济现象，它受制于文化，又游离于文化之外，给文化以巨大的影响和作用。

　　由于文化的多元性，文化元素分类较为复杂。为了便于对旅游文化元素的挖掘与认知，可以按较为系统的表现形式将其分为观光文化、商务文化、会展文化、休闲文化、修学文化、体育文化、宗教文化和生态文化。

　　旅游的核心是文化。旅游中最能吸引游客的是文化元素。旅游开发能否成功，文化元素的挖掘是至关重要的。任何一个旅游项目的开发都有一定的动因，有时候文化吸引物本身就是开发动因，也有时候为了提升开发效益而主动地挖掘文化元素，以丰富项目内涵。但是无论是哪一种情况，为了保证开发效果，对于文化元素的挖掘都应该有一个系统的思考，也应该遵守区域性、原真性、保护性和效益性等原则。

旅游作为一种社会经济现象，具有强烈的文化属性。旅游对于旅游媒介而言是经济行为，而对于旅游者来说，主要是文化行为。游客进行旅游观赏对象蕴含着丰富的文化，旅游活动本身又能创造文化。旅游活动的本质是为了丰富精神生活。旅游作为一项实践活动，主要对象是包罗万象的大自然。大凡气势恢宏的文学艺术作品，多源于作者对自然万物的灵感。当然，旅游审美活动的内容是丰富多样、无所不包的，除了秀美奇丽的自然景观，还有文物古迹、建筑园林、音乐舞蹈和社会风尚等。这些源于自然又高于自然的人文景观是人和自然相结合的杰作，体现了人类的智慧和追求，对游客同样具有极大的吸引力。

（二）旅游发展与文化优化

欣赏和了解异族文化是旅游者外出旅游的动机之一。越是有特色的文化，越能吸引旅游者。为了发展旅游业，旅游目的地国家和地区总是想方设法突出自己的民族文化特色，从而使文化得以优化，如旅游使云南丽江古城的文化特色更为优化。

作为传统文化的有机组成部分，旅游文化一方面依赖于传统文化而生存，另一方面推动着传统文化在现代社会的继承和弘扬。在丰厚的经济利益面前，各地兴起了用传统文化包装现代旅游的开发热潮，许多独特而富有内涵的传统文化遗产得到了发掘和保护。随着游客源源不断地涌入，对当地民族传统文化的需求显著提升，各地许多濒临失传的传统精神文化和物质文化在旅游大潮的触动下纷纷得到了保护、发掘和利用，并融入了旅游市场。传统文化随着旅游业的发展迎来了复兴的契机。

传统文化不仅丰富了现代旅游业的内容，在旅游发展中也得到了广泛的弘扬与传播。尽管在一些地方，在开发旅游资源的过程中产生了一些破坏旅游资源和生态环境的不和谐音符，在发展旅游的过程中，本地的特色文化和民族风情遭到了外地文化的侵袭和渗透，逐渐丧失其本真和特色，但不容置疑的是，绝大多数地方的传统文化得以弘扬和发掘，已经成为当地发展旅游业的重要依托。[①] 各地在发展旅游文化的过程中，一方面大力发掘和利用本地的传统文化，另一方面在不断地推陈出新，创造出各种各样的新的文化形式，以满足旅游者日益增长的物质文化需求。这样，传统文化借助于旅游文化的经济功能得以留存和弘扬，而旅游文化因为传统文化的重新重视而不

[①] 柴寿升.论中国传统文化的旅游价值及其开发与保护[J].烟台教育学院学报, 2003（3）: 78-81.

断地发展壮大，正日益成为未来各地旅游业竞争的源泉和动力。

游客和当地居民之间的文化交流也有利于促进和平往来。人们因为旅游活动，离开自己惯常居住的熟悉环境，来到一个陌生的地方，接触到新鲜的人和事物，生活在一个与以往截然不同的新环境中，以新的文化和环境扩大了视野，增长了见识，增加了对旅游所在地的了解和掌握，有助于相互之间避免误会、消除隔阂、增进了解、加深友谊，不仅要让外面世界的游客走进旅游地，也要让旅游地走向外面的世界，从而达到相互之间的交流和理解，增进同情和友谊。

文化是明天的经济。在旅游产业发展过程中，旅游文化由于具有重要作用和地位，在现代旅游发展中愈发显示出独特的魅力和强大的功能。旅游业的竞争，归根结底是文化的竞争。旅游地文化内涵和品位的现实状况，直接关系到旅游地的资源特色和竞争实力，也直接关系到旅游业发展的兴衰成败。旅游作为人类特有的一种生活方式，主要是满足旅游者高层次的精神需求和文化享受，因此在旅游业的发展过程中，只有不断提高旅游地和旅游资源的文化内涵和品位，旅游地和旅游资源才会对旅游者产生持久的吸引力，旅游业才能实现持续、健康、快速发展。因此，在旅游业发展过程中，旅游文化扮演着至关重要的角色，正日益成为旅游业发展的新的经济增长点。

（三）旅游发展与文化传承

旅游文化的传承性是从时间的角度来讲文化一脉相传的特性的。任何现存的文化都是从旧文化中传承而来的，继承先前的文化成果，并在新的条件下进行新的文化创造，形成纵向的文化内涵的传承，使文化积淀越来越丰富。现存的旅游文化都是人类文化长期历史演变的结果。越是古老的资源，越具有丰富的历史积淀。

任何一种文化形态的产生都源于原有的社会生产实践和历史文化传统，它的发展要汲取母体中有生命力的部分，并运用到现实的创造实践中。这是一个循序渐进的过程，不能凭空创造或随意移植、模仿。对于旅游文化学来说，由于它是一门新兴的边缘性学科，学科本身具备的理论学术积淀并不丰厚，前人研究的成果相较于其他学科来说，即使与之对比的是旅游学的相关学科，如旅游经济学，在数量上也是有一定的差距的。因此，旅游文化学在其发展的初期阶段，必然要依赖于文化学和旅游学，以及其他学术领域的相关学科强大的理论体系和研究方法，必须大胆借鉴、努力吸收这些学科的优秀成果，不断充实自我。

但是，有一点必须注意，即文化内涵、民族的价值观念和行为规范的传承不是简单意义上的完全拷贝，不是直接拿来就用，传承更重要的意义在于变化和演进。一成不变的文化模式丝毫没有生命力，只有在垂直继承的基础上兼收并蓄、勇于创造，才能形成真正有价值的文化积淀。

不同地区文化的差异是旅游活动产生的动因之一。旅游者到异国他乡旅游，目的之一就是学习和了解当地文化，如民俗风情、生活习惯、饮食文化、住宿文化、服饰文化、民间艺术、景观文化、文学艺术、历史文化及社会文化等。与此同时，旅游者又将自己本国、本地区或本民族的文化带到了旅游目的地，并通过自己的言行举止有意无意地将文化传播给目的地居民。因此，旅游能够促进文化的传播和交流。①

二、文化是旅游的灵魂

早在 1981 年，著名经济学家于光远就指出：旅游不仅是一种经济生活，也是一种文化生活；旅游业不仅是一种经济事业，也是一种文化事业；从旅游资源的角度看，文化事业的发展也具有决定作用。②20 世纪 90 年代，喻学才等旅游文化学专家更加深刻地认识到，旅游文化是旅游业的灵魂和支柱，是旅游业可持续发展的源泉，是旅游业发展的经济增长点。

（一）文化是旅游资源的魅力所在

旅游资源是旅游业赖以生存和发展的前提条件，是旅游业产生的物质基础，是旅游的客体。构成旅游资源的基本条件是一样的。首先，旅游资源对旅游者来说应具有一定的吸引力，能激发人们的旅游动机，能使旅游者得到一定的物质享受和精神满足。其次，旅游资源应具有可利用性，对旅游业具有一定的经济、社会和文化价值，即旅游资源的开发能产生不同的经济效益、社会效益和环境效益。最后，旅游资源是客观存在的一种实在物，有的表现为具体的实物形态，如自然风景、历史文物等，有的则为不具有物质形态的文化因素，如地区民俗风情等。绝大多数旅游资源是先旅游业而存在的，并不以人们的开发利用为转移，即使是现代形成的旅游资源，如城市风貌等，也是在形成之后才被人们认识，并为旅游业开发利用的。随着旅游者爱好和习惯的改变，旅游资源所包含的范畴会不断扩大。

文化内涵是旅游资源的灵魂。无论是何种旅游资源，都有其独特的文

① 付·吉力根.浅析旅游开发对民族文化变迁的影响 [J] 北方经济，2007（5）：54-55.
② 于光远.旅游与文化 [J].瞭望周刊，1986（14）：35-36.

化内涵。实践已证明，旅游资源不仅有充实精神生活、增长知识、健身的功能，而且有促进经济发展、增进文化交流和相互了解的价值。对一个旅游资源来说，它本身是一种天然的存在物，并非为了旅游而存在，人们只有发现了它的美，才会去游览、欣赏，当地政府或是投资者感到有利可图，才会对它进行规划和开发，挖掘其文化内涵，它就成了旅游目的地。

文化资源是旅游的核心资源。旅游的潜力在很大程度上取决于文化的魅力和吸引力。旅游资源多种多样，但决定其品质的是文化。有了文化的内涵和底蕴，旅游就会平添无限魅力。体现文化特色，需要把握该文化的内核所在和特质所在，以现代形式、大众方式来诠释和表达。没有深厚的文化内涵，旅游就失去了生命和活力，更不可能实现飞跃发展。从旅游业的发展来看，文化资源已经成为现代旅游的第一资源。凡是旅游吸引力、竞争力强的地方，都是有独特文化品格和文化魅力的地方。

从文化与人文旅游资源的关系来看，文化孕育着人文旅游资源，人文旅游资源包含着文化，要对人文旅游资源进行开发与鉴赏，就需要对其进行文化的解读。人文旅游资源属于文化的范畴，不少文化资源只要略加开发，就可以成为富有吸引力的旅游产品。大量的人文旅游资源都具有丰富而深邃的文化内涵，游人要欣赏、感悟它，规划师、旅游商要开发、利用它，就必须具备一定的文化素养。从文化与自然旅游资源的关系来看，大好河山孕育文化，文化辉映大好河山，两者相得益彰。此外，虽然许多自然旅游资源本身不具有文化属性和叠加的历史文化色彩，但自然美无疑需要从文化层面来鉴赏，需要用科学知识来解读，而且，要将自然山水转化为旅游产品，必须通过旅游开发这一文化手段来实现。因此，从这个意义上讲，自然旅游资源同样也具有一定的文化特性，与文化是密不可分的。

（二）对文化的追求是旅游主体的出发点与归宿

旅游主体出游无非出于乐生、养生、健身、求知和审美的需要。这些需要按照著名心理学家马斯洛的需要层次理论，都属于高层次的文化需求。人们对充满异国他乡情调的城市文明、田园风光、民俗风情满怀好奇心，满怀憧憬和期待，这是人类求异心理的典型反映；人们总是希望在奇险幽野的山岳景观中获得美的感受，在壮阔雄伟的江河中获得美的熏陶，这是人类审美意识的苏醒与律动；人们总是期待着在大自然中获得灵感，在人类文明的河床上获得智慧，这是人类求知、启智需求的体现；人们总是希望通过投身于自然忘却烦恼、获得快乐，通过参与异国他乡的民俗活动洗去心灵尘垢，获得愉悦，通过旅游团队人与人之间的和谐相处忘掉尔虞我诈、钩心斗角，获得心灵的慰藉，这是人类的本能；人们通过跋山涉水可以强身健体，通过回归自然、享受自然可以消除疲劳、缓解工作压力，这是人类健身养生的需要。上述需求的满足都需要文化的参与，也是文化的体现。

（三）文化是旅游业兴旺发达的源泉

一个没有文化的产业是没有活力的产业，一个没有文化的产业是没有灵魂的产业，是必定会被市场无情淘汰的产业。旅游产业也是如此。一个文化氛围浓郁、文化底蕴深厚的旅游产业对内可以团结员工、凝聚人心，对外可以吸引顾客、获得效益。

文化与人类的物质生活和精神生活有着密切的关系。文化的核心内容就是人类在长期适应和改造自然的过程中所形成的思维模式和行为模式：思维模式包含在观念、信仰、知识、价值中，是看不见的，只有当它诉诸行为时才会表现出来；行为模式包含在人的行为和人类创造的各种物质形态中，是可见的、经验的，而对文化的研究往往从可见的行为开始，透过行为洞察其内在的价值观念。

文化渗透在人类活动的各个领域。旅游是一种休闲活动和方式，在旅游中游客可以暂时脱离传统文化义务的约束，不受世俗礼仪的支配，投身到一种新的文化关系中，即旅游文化是包含在旅游活动中的人类物质和精神活动成果的总和，同时它也是一种可供观赏和参与，并使观赏者和参与者都深刻感受到的一种文化，它有非常明确的展示性和选择性，有很多艺术特色蕴含其中。旅游的本质是一种精神文化活动，是满足旅游者审美需求的社会文化现象。随着社会文明的进步，人们对精神生活的需求越发强烈，旅游者将越来越不满足于对山水景物的浅层观赏，而追求从文化的高品位上，从自然、人文景观与文化的契合点上去获得一种审美愉悦，去探求、认识和感悟一种文化的深厚底蕴。

第二节　旅游产业与文化产业融合发展的动力

一、旅游产业与文化产业融合发展的内在动力

旅游产业与文化产业融合发展的内在动力由旅游需求的多变性、旅游资源观的转变及旅游文化企业间的竞争与合作三大要素构成。

（一）旅游需求的多变性

当前，随着生产力、经济水平和人民生活水平的不断提高，旅游者的旅游需求也在变化。旅游需求的满足不仅包括从消费中获取物质需要的满足，更重要的是从中获取心理和精神层面的满足。总体而言，旅游消费需求的多变性源于旅游市场的不断成熟、旅游者对旅游体验广度和深度的不断追求、新的旅游消费特征及信息共享的时代特征。

我国的旅游产业发展至今，旅游产品已经逐渐分层发展，突出的表现就是旅游者对一些高端旅游产品的消费。携程网推出的"鸿鹄逸游"系列产品的成功，是旅游企业开始拓展小众市场、高端市场的一大标志。相比国内"小长假出游爆棚"的大众游，小众市场的发展表明旅游市场开始出现分层，旅游产品结构开始有了消费额的高、中、低档之分，这标志着我国旅游市场开始走向成熟。旅游需求具有个性化属性，具有小批量、多品种、非标准等特点。成熟的旅游者对旅游体验的个性化和体验深度要求更高，驱使旅游企业为了争取更多的旅游者、抢占更大的市场份额而进行创意、技术等方面的改革，将旅游产业内的要素进行优化整合，引入文化产业要素，从而使旅游产业与文化产业融合发展，旅游产业的结构也因此而改变，从而能够满足旅游者日益增长的需求。

旅游产业与文化产业的融合发展，不仅要关注旅游需求的多变性，还要明确旅游需求最明显的三大变化：其一是越来越多的人追求在生态环境良好的地区完成自己的旅游生活，生态环境成为旅游者追求的核心目标；其二是越来越多的人追求情感氛围更浓的旅游环境，通过旅游来促进亲情、爱情、友情，来促进人际交往过程中的情感传递；其三是越来越多的人追求文化浓郁的旅游目的地，在求知欲望的驱动下，丰富自己的人生经历，感悟人类文明。在这三大旅游需求的变化中，游客对文化的渴慕是旅游需求三点变化中最突出的变化，也是推动旅游产业与文化产业融合发展的内在驱动力。

（二）旅游资源观的转变

旅游产品的创造依赖于不同形式的资源。传统理论中将旅游资源分为自然风光旅游资源、传统人文旅游资源和社会经济旅游资源。无论是自然的、历史遗留的，还是现今创造的，对旅游者具有一定吸引力的人工创造物都具有成为旅游资源的价值。但随着社会的发展，人类物质生活丰富到一定程度时，其欲望的追求便逐渐转移到精神生活层面。因此，知识经济、体验经济、符号经济等众多以满足人类精神需求为宗旨的经济主题的提出，是对人类社会发展阶段的一种概括。

也有学者指出，资源能否成为旅游资源，其核心点在于能否对游客产生吸引力，只要能够产生吸引力，无论其是有形资源还是无形资源，是物质的还是精神的，甚至只是追逐精神享受的一个过程，均可被称为旅游资源。这样的概括，从表面上看略显宏观笼统，但时代潮流的发展对于旅游产品的需求确实已经达到了这个层面。个性化、多元化、人本化、体验化是当今旅游产品应该体现并满足旅游者的特点。只要是健康的、符合社会伦理的资源，都可以被称为旅游资源，这也是旅游产业同其他各产业，特别是文化产业关联度极强的原因。

因此，旅游资源观的转变使原有的单一的自然风光与人文古迹等旅游资源所形成的旅游产品已经不能满足旅游者的体验需求。对于现今的旅游产品，体验性必须是放在第一位考虑的要素。体验即是对异域文化的体验。自古到今，人类所创造的物质的、精神的一切均称为文化。所以，旅游资源观的转变是旅游产业与文化产业融合发展的内在动力。旅游资源观的转变使旅游者认识到旅游产业融合对旅游资源的丰富所起到的作用，这种观念的发展也促使旅游产业对于旅游产品的开发更具有深度，对旅游产品范围的延展更具广度。

对于多数文化旅游资源富集且具备发展条件的地区，应通过积极开发文化旅游资源促进其保护工作；对于少数生态环境脆弱、敏感的地区，应实行封闭式的保护管理。切实做到有能力开发的就要很好地开发，暂时没有能力开发的就要很好地保护起来，等待后人去开发。那种绝对的保护、所谓纯自然主义的方式，既不利于环境与资源的保护，也不利于旅游业的发展。所以，应该将我国文化旅游资源开发与保护和谐地结合为一个整体指导思想和行动方案，以发展为前导，以保护为支撑，既使当代人脱贫致富，又把青山、绿水、蓝天留给子孙后代，这才是真正的、完整意义上的文化旅游的可持续发展。

（三）旅游文化企业间的竞争与合作

从系统论来说，在旅游产业与文化产业的融合中起主导作用的还是旅游文化企业的竞争与合作行为。这里的"旅游文化企业"是整个旅游经济产业系统内的要素，涵盖旅游活动基本要素的各个行业。旅游文化企业的本能是追求最大化的效益，而最大化的效益则来自旅游者最大化的满意度。为此，旅游文化企业必须不断地探索技术的创新和新产品的开发，不断谋求发展与壮大，不断思考如何更好地满足游客的需要，不断在变化的环境中谋求持续的竞争优势。旅游文化企业面对的环境日趋复杂，而旅游文化企业自身的经营行为又使其环境更加复杂。旅游产业融合就是这些竞争中的企业互动发展的结果，它们改变了传统的竞争和行业观念，"竞合"和"跨界"的思想应运而生，形成了相互渗透、相互融合的关系。旅游文化企业所有的行为都源自旅游者的需求，所以说，消费者旅游需求的提高是旅游产业与文化产业融合的根本原因。如果企业没有为这些新需求做出努力，两大产业的深度融合也就无从谈起。因此，旅游文化企业的竞争与合作行为是旅游产业与文化产业融合的主导力量。

　　旅游文化企业作为旅游产业与文化产业融合的主体，对经济利益的追求是其进行融合的重要动因。文化产业要素的注入提升了旅游资源的品位和内涵，扩大了旅游产品的数量和种类，增加了旅游收入，并促进了旅游业的发展；旅游产业与文化产业的融合使旅游成为文化产业发展的载体，同时，旅游产业的介入也扩大了文化产业的市场空间。

二、旅游产业与文化产业融合发展的外在动力

（一）市场需求的增强

　　产生旅游动机的两大要素是时间和金钱。旅游是社会发展到一定阶段出现的产物。随着社会的发展和工业化的进步，人们的闲暇时间日益增多，而工业社会给人们带来的财富也为旅游的出行提供了经济支持。当国家经济发展到一定程度时，随着社会生产力的增强和科学技术的进步，人们逐步从繁杂的工作中解放出来，闲暇时间日益增多，加之人们对于精神生活不断追求，旅游动机便应运而生。

　　对于旅游市场需求增强的理解，应该从旅游者出游动机增强和旅游者对旅游活动内容及由此获得体验需要的增强等几方面入手。随着经济的增长，闲暇与经济状况允许的条件下产生旅游动机的概率不断增强。与此同时，人们生活观念逐渐改变，对于传统旅游的内容要求自然也会相应提高。走马观花式的观光旅游已经满足不了人们释放日常工作压力的需要，人们需要一种别样的精神体验和角色互换，实现在现实生活中无法得到的精神享受与追求。人们对于旅游内容个性化、多元化、体验化的追求促使旅游产品开发必须不断创新，从而满足更加多元化的旅游需求，促使与旅游相关的文化

资源一改往日的文化表达形式，被赋予普遍价值观，进行二次创造，以迎合市场的高层次需求。因此，旅游需求量的增加和对质量要求的提高对旅游产业与文化产业的融合发展起到了根本的外在推动作用，促使旅游产业与文化产业融合，不断生产出新的旅游文化产品。

（二）文化体制的革新

计划经济时期文化体制的特点是，政府就像一个超级文化大公司，控制着资源并依靠行政权力和强制力手段，通过文化行政机构和文化事业、企业单位的组织体系，对文化生产和消费进行统一的计划、组织、指挥、协调和监督。

我国在改革开放之前不存在"旅游业"和"文化产业"这两个名词，文化以文化事业称谓，旅游则以外事接待为主，两者均无明显的经济意义。文化作为传播民族思想、弘扬传统经典的有效方式受制于体制的束缚，一切文化生产和消费都有计划、有组织地进行。随着改革开放的发展，政治、经济体制的改革不断深入，市场不断开放，文化改革才慢慢显现。

我们可以按五个阶段梳理我国文化体制改革的历程，即文化市场化萌芽阶段（1978—1992年）、文化产业化起步阶段（1993—2002年）、文化体制改革试点阶段（2002—2009年）、文化体制改革攻坚阶段（2009—2012年）、文化体制改革全面深化阶段（2012年至今）。

政府文化体制的改革使产业间的进入壁垒降低，产业的生产范围不断扩大，由此产业间的渗透、交叉和融合成为可能，产业结构趋于优化。而旅游产业与文化产业融合发展源于文化体制改革攻坚阶段及文化体制改革全面深化阶段。也正是基于文化体制的改革，才出现了旅游产业与文化产业的融合发展。这种改革也是两大产业融合的重要外部动力，它促使旅游产业与文化产业融合发展拥有了更广阔的发展空间，也有利于我国传统文化精髓的传承与弘扬。

（三）技术的创新

旅游产业融合的本质在于创新，而旅游创新必须以一定的技术手段为依托。当前，信息技术的发展和创新已成为旅游产业融合的直接推动力，由此引发的信息化成为旅游业融合发展的引擎。

旅游信息化是当前旅游业融合发展的重要特征。在旅游资源整合、设施建设、项目开发、市场开拓、企业管理、营销模式、咨询服务等领域已经广泛应用了现代信息技术，从而引发了旅游发展战略、经营理念和产业格局的变革，带来了产业体制创新、经营管理创新和产品市场创新，改变了旅游产业融合发展的方式，加快了融合发展的深度、广度和速度。比如，积极将网络信息技术、动漫制作技术等引进旅游业，可以创新旅游宣传、营销方式，加快旅游电子商务的应用，催生如旅游动漫等新兴产业的崛起。

（四）其他产业的发展

目前，随着国家经济的发展和社会的不断进步，我国正处于经济转型发展时期，产业发展面临着诸多压力。其他产业与旅游产业融合，一方面是基于产业自身长期发展过程中累积的废弃资源的再利用，以增加产值、提升效益；另一方面是谋求产业更广阔的发展空间和发展方向。其他产业基于自身发展需要而主动与旅游产业进行要素的交流整合，从而促成了融合的产生。一些传统产业基于自身发展的需要，开始与旅游业联姻，实现了本产业的资源再利用，提升了本产业的附加值，使产业链得以延长，本产业的功能置换和创新得以实现。传统产业因为机器设备的老旧与废弃、产能过剩等情况，需要刺激新需求、开拓新市场、开发新产品、培育新业态，而旅游业为其提供了一个新的发展方向和视角，这些产业依托旅游业完成了自身的资源再开发，创造了新价值，提升了产业本身的效益，同时，丰富了旅游业态和旅游产品，延伸了旅游产业链。

三、旅游产业与文化产业融合发展的相互推动力

（一）旅游产业与文化产业融合互动效应分析

融合互动是产业集成的一种有效形式，有助于在产业边缘地带激发出全新的产品，形成互生共赢的多重效应。旅游产业与文化产业可以相互依赖、相互促进、共同发展。所以，在融合发展过程中，旅游产业扩展文化产业发展空间，文化产业拓展旅游产业的内涵和外延。首先，文化产业依托旅游开发，挖掘文化，通过旅游这一载体传承、弘扬文化。其次，旅游产业依托文化资源提升旅游文化内涵，加快旅游业的发展。最重要的是，通过旅游产业与文化产业的融合互动，能够实现文化的附加值，达到两大产业经济效益"双赢"的目的。实际上，两大产业的互动能够充分彰显区域文化，从而实现区域经济的最佳效应。

1. 旅游产业扩展文化产业发展空间

文化产业依托旅游市场，以自己的独特方式和途径逐渐发展，而旅游在这一过程中充当了显而易见的载体。文化通过旅游产业让更多的人对其有所认识和理解，由此促进了文化的发掘与传承，实现了文化资源的保值、增值，甚至是创新，因此旅游是文化发展的强大推力。游客对传统文化的好奇心是旅游中挖掘文化资源的关键因素。要满足旅游者的需求，就得注重对传统文化的传承与保护，让人们更清楚地认识到传统文化的延续与复兴的关键性，从而增强对文化的保护意识，带动文化体制的不断完善。

2. 文化产业拓展旅游产业的内涵和外延

旅游产业与文化产业是相互依赖、相互促进、共同发展的，两者的关系密不可分。从旅游产业的角度来看，蕴含文化因素的旅游产品与其他旅游产品有所不同，更有吸引力，更有市场竞争力。这样，旅游产业依托文化产业，不断优化升级旅游产品，满足旅游产业多样化、个性化的市场需求，旅游产业的内涵与外延得到了扩展。

一方面，在旅游产业中注入文化，以文化的创新打造旅游文化产品，使静态的文化资源成为动态的文化旅游产品，从而延续了旅游产品的生命周期。文化的创新设计与文化资源的动态展示提高了资源产品的吸引度，提高了旅游效益。最明显的是，文化的引入提升了旅游产业的文化内涵，文化产业的介入不断扩展旅游产业的外延。

另一方面，旅游产业具有明显的季节性，而且经常受气候的影响。这是阻碍旅游产业发展的一个突出问题。在这种情况下，可以通过文化产业产品的介入解决此问题。文化是旅游的灵魂，能提升旅游的层次，关键是要走内涵式发展道路。只有在文化产业与旅游产业的融合发展上寻找突破口，将提升文化内涵贯穿到旅游发展的全过程，才能改变游客走马观花式的传统观光旅游模式，促进旅游产业提质升级，从而实现由门票经济向旅游目的地建设转变，增强旅游地的核心竞争能力。

（二）旅游产业与文化产业融合发展的相互作用

旅游和文化如同人的身体和灵魂，没有文化的旅游，则失去了灵魂魅力；而没有旅游的文化，则失去了发展形态和活力。旅游产业和文化产业在本质上都具有经济性和文化性，在实际发展中，它们也密切关联、相互促进。总体而言，旅游产业对文化产业的发展具有引导和扩散作用，而文化产业对旅游产业的发展则具有渗透和提升作用。

1. 旅游产业对文化产业具有引导和扩散作用

通过旅游的引导和扩散作用，区域文化得以彰显，以游客作为载体与外地文化进行交流和传播扩散；旅游的发展为文化资源的整合、开发提供指导思路和依附载体，可充分挖掘和整合区域文化资源，促进区域文化产业结构体系不断形成并完善，进一步促进其规模化与市场化，还可促进民族文化和历史遗产的延续与弘扬，实现文化保护与开发的良性互动。

2. 旅游产业能促进文化资源的开发、保护与交流

文化资源的历史性、时代性、无形性和脆弱性等特点注定了其发展的艰难性，需要外在的辅助条件。无形的历史文化和有形的文物遗迹很容易遭到现代文明的冲击而失去其原有的光芒，也容易受到自然环境的侵蚀而残缺不全、光辉不再，此外，随着时代的发展，其价值也会不断地被忽视和淡化。面对文化保护和发展这个严峻问题，政府出台了一系列保障文化发展的相关政策，并从财政上加大对文化开发与保护的投入，呼吁社会公众提高文化保护意识并参与其中。但是，财政投入的资金相对有限，对社会公众的调动作用有限，不能完全满足实际需要，文化资源的开发与保护仍旧是文化产业发展的"瓶颈"。我国漫长的历史积累了丰厚的文化资源，其历史悠久、种类多样、内容丰富、独具特色，具有强大的吸引力。在当今旅游兴盛的时代，将文化资源开发打造成符合现代市场需要的旅游产品，具有巨大的经济价值；随着旅游产业的发展，文化资源的开发利用能带来可观的经济收入与较高的社会关注度，这又能为文化资源的保护提供充足的资金支持与社会重视。因而，旅游产业的快速发展可以解决我国文化保护与发展面临的严峻问题。

（三）文化产业对旅游产业具有渗透和提升作用

文化是旅游的灵魂，没有灵魂的旅游是空洞无味的，会给人散漫的感觉，不易长期吸引游客的兴趣。我国有五千年的历史，历史文化和文物古迹丰厚；我国是多民族国家，各民族的居住具有小聚居、大杂居的特点，其民俗风情、建筑风格、宗教信仰不尽相同，这些都为我国旅游产品的生产提供了多样化的旅游资源类型和深厚的文化底蕴，对国内外游客具有强大的吸引力。

文化虽是静态的、无形的，但是具有强大的精神魅力。随着人们科学文化素养的不断提高，人们对于文化的渴求也日益增加。越来越多的人的旅游目的之一便是追求不一样的文化体验，拓宽视野和知识面，旅游中文化的魅力越来越大。以前，我们只能通过文字、口耳相传等方式来了解古代的、异域的文化；现在，随着科学技术的发展，高新技术手段能够将隐性文化显性化、静态文化动态化。旅游产业因为文化的不断渗透而能够制造出更为丰富和更具魅力的文化旅游产品，打造更具市场吸引力和竞争力的旅游景区。

传统旅游景区往往拥有丰富的历史文化遗迹等文化资源，而身处其中，游客只是静态观赏和听导游解说，不能直观地感受和领悟，这种旅游方式已不能充分满足游客的需求。随着文化产业自身的发展及与旅游产业的融合，根据市场游客的需求，可借助现代科学技术手段，将传统文化资源进行梳理和整合，融入新的创意，改变传统的以静态文化旅游产品为主的状况，打造立体的、动态的、多样化的文化旅游产品，提升旅游产品的文化内涵和档次，将文化精髓更有效地传达给游客，满足其精神文化需求。

第三节　旅游产业与文化产业融合发展的手段

一、旅游产业与文化产业融合发展的资源整合手段

（一）以规划整合带动资源整合

旅游与文化资源的整合不仅是小区域内的排列组合，还是全国在旅游与文化整体发展规划下进行的整合。规划整合就是在已有成熟线路基础上，达成"大点带小点，长线引短线，宽面分窄面，大圈带小圈"的规划思路。大点与小点是以景点的等级及价值为区分点，大点即精品线路中的世界遗产或国家 4A 级以上旅游景点，而小点指地域性的旅游文化景点；长线与短线是以线路在交通上的可进入性及线路上景点的价值为区别，长线指连接处于主要交通干线上的或者价值较高的景点的旅游线路，而短线则指连接处于次级交通干线或小点的旅游线路；宽面与窄面、大圈与小圈主要是指旅游景点与旅游线路结合而成的旅游网络的大小。因此，旅游的规划整合实际上就是对"点、线、面"的整合，即旅游上经常出现的"点轴"思路。点的选择至关重要，是整合的基础。整合过程既是"大化小"的过程，又是"小成大"的过程。这就要求在规划时以大点为基础，结合同级大点成为长线和大面，同

时以大点为中心，整合同类文化内涵相似或者互补的小点资源，形成一个个以中心为辐射点的小圈，最终形成"大圈带小圈，小圈促大圈"的互动格局。

（二）以核心产业整合支撑产业

依据旅游产业与文化产业内部各行业与旅游消费的关联程度及产品属性，可将旅游文化产业分为核心产业与支撑产业。其中，核心产业是直接为旅游消费者提供旅游服务的文化旅游企业群，如文化旅游景区、文化旅游演艺业等。支撑产业是为核心产业提供物质支持、交通支持和各类支撑服务的相关企业群，如交通运输业、文化工艺品制造业、餐饮业、金融服务业等。核心产业与支撑产业是共生的关系，相互促进，互为支持。核心产业的发展需要针对性的支撑产业，而支撑产业的完善又需要核心产业做引领，两者循环促进、共同发展。具体而言，就是要结合核心产业的特点及要素，以其为指导来发展支撑产业，最终实现核心产业与支撑产业共赢的局面。以核心产业整合支撑产业，就是要根据核心产业的需求去安排相应的支撑要素，构建核心产业良好发展的平台。

（三）以不可移动的资源整合可移动资源

旅游资源与文化资源是否可移动与其是否有形紧密相连。一般认为，不可移动的旅游资源和文化资源以物质为载体，而可移动的则常以非物质为载体，不管是物质的还是非物质的资源，都可以通称为旅游文化资源。可移动非物质旅游文化资源本身具有小、散、乱的特征，在整合开发中具有与生俱来的劣势，资金匮乏、经济发展、民俗流失等都会造成其传承的间断；而不可移动的旅游文化资源由于其物态性质，可以长期存在发展，可以以旅游资源和文化资源的形态传承，但如果内涵开发不够，其发展就会受到制约。结合两者特点可知，借不可移动的旅游文化资源整合可移动的旅游文化资源，能很好地解决非物质旅游文化资源因非物化形态而难以传承、物质文化遗产因内涵开发不够而难以发展的缺点，两者的整合可以实现相互促进、相得益彰。

（四）以文化资源整合旅游资源

整合旅游资源不仅是对景点文化内涵的挖掘，还应该是在资源整合驱动下的产业资源的整合。因此，通过对文化与旅游两大产业内部的各个分支部分进行整合，可以达到全面整合的目的。

1. 影视传媒业、节庆会展业与旅游资源整合

旅游产业与文化产业的交互融合程度直接影响着旅游文化产业发展的高度，两者相互依托、相互渗透。借助以下几个方面来整合旅游资源会有一定的整合效果。

一方面，借助大众媒体来整合非物质文化遗产资源。这需要借助电视这一比较直观的媒体，通过广告电视作品或拍摄专题纪录片来直接展现其现状。这适用于商品类遗产，如剪纸作品、醋、酒、传统美食制作技艺和传统中医养生等。杂志作为一种比较有效的宣传方式，也应该被考虑。据调查，境外游客了解旅游资讯的主要手段除口头传递之外，便是杂志和网络，因此尽可能地邀请外国旅游杂志的记者与编辑，并将一部分广告经费投放于有影响力的旅游杂志是必要而且可行的。至于网络对旅游的作用则更是显著，所以加强多功能、多语种旅游网站的建设，通过图片和视频等来展示旅游资源至关重要。另一方面，借助影视作品或节庆会展等媒体事件来整合现有物质文化资源或已经转化为旅游资源的非物质文化遗产资源。影视作品对旅游文化资源的影响不容忽视，可以有效发掘资源文化内涵、提升文化品位。影视文化凭着自身强大的娱乐功能与宣传效应，能够吸引观众前去影视拍摄基地游览，回忆和体验故事中主人公的行为经历，印证故事片段的发生地。同时，影视作品对旅游地的展示时间较长，这会对潜在旅游者形成身临其境的刺激，使其转化为现实旅游者。

2. 艺术品、工艺美术业与旅游业的产业资源整合

目前，国内旅游业的发展忽视了旅游需求的不同层次，所开发的旅游产品缺少层次性、多样性和特色性。而国内文化产业消费不足，很多传统技艺的传承发展受到资金制约未能继续。而艺术品、工艺美术业与旅游业的融合可以解决这些问题。例如，山西省政府将工艺美术行业划归省文化厅管理后，工艺美术业与旅游业的融合更显必要。融合的实质即借助相对成熟的旅游业市场开拓文化消费市场，不断丰富文化产品的层次及内容，在更大范围内促进工艺美术业的发展，形成文化产业与旅游产业共同发展的双赢模式。

3. 休闲娱乐业与旅游业的产业资源整合

旅游产业是食、住、行、游、购、娱六要素俱全的产业体系。总体来

看，要将文化产业中的休闲娱乐业与旅游产业进行深度融合，要用文化要素充实旅游业的娱、购功能。应变普通的观光旅游为丰富的参与性旅游，调动游客的积极性，吸引游客。在具有情景开发价值的景区，如在乔家大院、平遥古城、莺莺塔等景点，让游客白天进行景点观光，晚上观赏艺术表演，身临其境地体会景区源远流长的故事，从而提升旅游品位，增加旅游趣味性。通过这些来扩大旅游产业规模，延长产业链条，促进上下游产业的发展。要积极借鉴国外其他地区文化资源与旅游资源融合的实践经验，建设一批集旅游、购物、娱乐、休闲于一体的旅游文化景区和文化旅游主题公园。在强化旅游功能配套的同时，整顿不合理文化，融入时尚文化，合理开发娱乐休闲项目，将历史与现代进行有机结合，营造让游客流连忘返的文化旅游项目，进而促进国内产业结构调整，拉动国民经济又好又快地发展。

二、旅游产业与文化产业融合发展的市场整合手段

市场整合理论是在实践中不断发展和完善的，而旅游市场与文化市场整合理论也在不断演化和发展。旅游产业与文化产业融合发展的市场整合手段，可以细化为旅游市场与文化市场的空间市场整合、旅游市场与文化市场的营销阶段整合和旅游市场与文化市场的时间整合。

（一）旅游市场与文化市场的空间市场整合

众所周知，旅游产业与文化产业融合发展会形成一个新的产业——旅游文化产业，而在旅游文化产业领域所生产的产品即旅游文化产品。旅游市场和文化市场的空间市场整合是研究某一旅游文化产品市场价格变化对另一旅游文化产品市场价格变化影响的程度。从理论上讲，在完全竞争的假设下，处于不同区域的市场之间进行贸易时，某产品在输入区的单价等于该产品在输出区的价格加上单位运输成本，如果输出区的价格变化会引起输入区价格的同样方向和同等程度的变化，则称这两个市场是完全整合的。空间市场整合通常可分为长期市场整合和短期市场整合两种。长期市场整合指两个市场的价格之间存在长期的、稳定的联系，即使这种长期均衡关系在短期内被打破了，最终也会恢复到原来的均衡状态。短期市场整合指某一市场上该产品价格的变化会立即在下一期引起另一市场上该产品价格的变化，它反映了市场之间产品价格传递的及时性和价格反应的敏感性。如果某个国家的任何两个市场之间都是整合的，则称这个国家的市场是整合的或一体化的。实际上，任何一个国家的市场都不可能完全整合，完全整合是一种理论上的状态。

（二）旅游市场与文化市场的营销阶段整合

旅游市场与文化市场的营销阶段整合是指不同营销阶段的整合，主要研究同一商品在某营销阶段的价格变化对下一阶段价格变化的影响程度。如果旅游文化商品在不同营销阶段的价格满足"下一阶段价格＝上一阶段价格＋营销成本"，则此旅游文化商品营销阶段之间是整合的。例如批零市场整合，即某商品的批发市场和零售市场之间的整合。

（三）旅游市场与文化市场的时间整合

旅游市场与文化市场的时间整合主要研究某商品的现期价格变化对后期价格变化的影响程度。当满足"后期价格＝现期价格＋储藏费用"时，则成为旅游文化市场的时间整合。

三、旅游产业与文化产业融合发展的营销整合手段

营销整合的概念源于管理学。在管理学领域，营销整合所要解决的关键问题是企业与外界的融合问题，即在整合基础上实现与竞争者"和平共处"，让消费者高度满意。现将营销整合视为旅游产业与文化产业融合发展的手段，则是指以游客为中心，对不同地市、不同资源的相关营销因素进行重组，统一旅游与文化的发展目标，统一区域或地区文化旅游的整体形象，以此来传递给国内外游客文化旅游的综合信息，实现吸引游客的目的。

（一）景点营销整合

就单一景点来说，要从内部提高旅游文化景点的文化内涵，根据不同地区的特色资源及重要营销事件来构思不同的营销方式。

（1）对于国际公认、知名度高的优秀旅游资源，如平遥古城、清明上河园、云冈石窟、张家界森林公园等，可以遵循"大景点支撑"的理念，在发展时直接把现实的旅游文化资源开发成旅游产品，并保持其原貌，形成精品旅游景区，构成国际旅游文化体系中的尖端旅游文化产品。

（2）对已失传的传统文化，可以按照历史记载，挖掘题材，恢复历史面貌，以人造景观的方式历史再现民族文化。山西襄汾"丁村古村落"便适合这种模式，通过仿照当年样式的建筑及民俗，向游客表演如何使用原始农具耕作、原始车船运输等古老的传统习俗及各种民俗，再现了当年远古人类的劳动和风俗习惯，以此吸引了大量国内外游客。

（3）对一些传统民俗节日和历史事件的发生地，可以借助具有一定时效性的旅游事件，构成区域文化旅游活动的时间多样性，借此进行整合，比如通过举办牛郎织女旅游文化节、峨眉山国际旅游节等营销事件进行旅游营销。

（4）对于包公祠一类的文化景点，可以在旅游旺季特别是"五一""十一"小长假及民俗节假日，由文化传播公司联合承办节庆演出，并与新闻媒体紧密结合进行广告造势、亮点宣传，重点突出大宋包公文化，借助影视宣传来扩大知名度。比如开封连续多年举办"菊花节"，利用这个独创性载体，通过新颖的系列文化活动及与国内外游客的交流，大幅度提升开封古城的知名度和美誉度，同时让国内外游客了解开封、关注开封，从而提升开封的经济和社会效益。

（5）对于一些民间文学的发生地景区，可以采用情景营销方式进行整合，即在旅游过程中给游客塑造一种小场景，使游客身临其境地感受到自己成了情景中的一个角色，打造"角色融入式旅游"；或者以拍电影的形式将旅游地的文化做成剧本，角色由游客来饰演，制成简短的电影片段，向游客收费后由其自己保管。这样的营销创新既可以增加旅游地的吸引力，又使游客感觉充实，能够提高整合效益。

（二）区域整体营销

不同地区之间的营销整合主要是对营销方式、营销人才的整合。中国地大物博、人口众多，各地区在经济发展、交通网络、资源禀赋方面各有差异。地域之间的营销整合主要是以旅游产业与文化产业为核心点，建立有效的营销服务平台。在营销理念上，各个地区要保持一致理念，致力于将中国打造成为全国旅游文化基地，在类似及互补资源方面要坚持营销方式与资源存在方式求同存异的观念，通过有力的宣传促销来创造强有力的旅游文化品牌；在营销环节上，要与旅游文化产品的开发紧密相扣，使游客充分参与旅游文化品牌，体验品牌的多层次、多样性，同时通过营销方式的整合及旅游文化产品的设计，满足游客的层次化、定制化、特殊化旅游需求；在营销人才上，要加强国内各地区及省际旅游营销人才的合作与交流；在营销方式上，要借鉴运用分类营销、捆绑营销、有奖营销及季节营销等新型营销方式，使营销宣传的旁侧效应最大化，最终通过这些举措真正达到营销资源共享、营销人才共创、营销创意共思、营销效果共喜的整体营销整合局面。

四、旅游产业与文化产业融合发展的政策整合手段

（一）政策整合概述

旅游产业和文化产业在我国国民经济与社会发展中的重要作用已经受到了中央政府的高度重视，旅游业已全面融入国家经济社会发展战略体系。保证旅游和文化业的可持续发展，健全旅游产业和文化产业的政策是必然选择。

产业政策是政府为改变产业间的资源分配和各种企业的某种经营活动而采取的政策。旅游产业和文化产业的政策整合实际上是政府为了实现一定时期内特定的经济与社会发展目标而制定的针对旅游产业和文化产业发展的许多相关子政策的总和。政府一般通过制定政策整合来有效地对旅游经济进行干预。通过制定符合本国国情的旅游和文化产业政策，国家能有效地提升旅游和文化业的国际竞争力，促进旅游产业和文化产业的可持续性发展。

1. 符合国家产业发展的重点

从经济产业特征和发展前景来看，健全我国旅游产业和文化产业政策整合符合我国产业政策制定纲要的工作重点方向。旅游产业与文化产业是朝阳式的产业，正处于新兴发展阶段，发展后劲十足。国家已把旅游和文化产业确定为第三产业的重点，明确将其作为第三产业中"积极发展"类产业重点发展。

2. 符合经济发展的客观要求

旅游业和文化业的发展能扩大内需，这是不容置疑的。从发挥旅游业和文化业扩大内需的功能来看，加快制定政策是必然的选择。把旅游业与文化业确定为国民经济的新增长点，这种提法就是在旅游业和文化业具有扩大内需的潜力的基础上论证的。为了实现我国经济的快速、持续增长，加快制定旅游产业和文化产业融合发展的政策也是发展市场经济的客观要求与必然选择。

3. 符合旅游业与文化业本身的特点

旅游业与文化业的融合具有依托其他行业及与其他行业有很大的关联性等特点，它的发展会涉及许多部门和行业，需要各个部门之间的有机合作，往往只靠某一个旅游部门或者某一级政府是不能完成的，需要通过国家

的产业政策加以宏观指导，这也是确保国家对旅游业与文化业发展有效推动和调控的手段。

4. 政策制定具有现实可能性

目前，我国制定产业整合政策的条件已经成熟。实践中，我国旅游业和文化业发展的方向性、原则性、趋势性问题已经比较明确，这些有利条件决定了我国出台旅游产业和文化产业的政策整合具有现实可能性。

5. 政策制定具有现实必要性

旅游业和文化业发展速度相对缓慢，不同地区之间更是相差悬殊；基础设施的制约因素大范围存在，旅游业与文化业的整体效益难以得到发挥；国内知名的品牌产品少，市场竞争力不强；旅游业和文化业融合程度低，产业结构有待调整完善；相应的旅游产业和文化产业发展的政策较为滞后；我国颁布实施的相关法规还不能满足现实需要。因此，政策制定具有现实必要性。

（二）旅游产业和文化产业政策整合策略与政府调控思路

1. 把握旅游产业和文化产业政策制定的主体

首先，发挥政府的主导作用。充分发挥政府的指导、引导和倡导作用，为旅游产业和文化产业的发展创造良好的社会、经济、文化和自然生态环境。旅游业与文化业的高效持续发展，需要政府对其进行规划、规范、指导和控制；要发挥各级政府部门、职能部门的领导调控作用，同时需要处理好各级政府与企业及市场间的关系；要明确旅游产业和文化产业的管理主体、管理权限，防止管理混乱、令出多门的现象；要形成产业调控能力，加大政府导向性投入，广泛地调动起全社会投资发展旅游产业和文化产业的积极性。总之，通过政府的调控，资源可以得到有效的配置，旅游企业和文化企业的经济利益也能够得到保护。随着我国政治体制与经济体制改革的深入，政府主导型产业势必会产生转化，演变为政府指导型、政府协调型产业。

其次，企业层要深化改革。要按照市场经济要求，改革旅游与文化企业体制，积极推进多种形式的产权制度改革，搞活中小企业。一方面，走集约化经营道路，调整旅游与文化企业结构，实现跨地区、部门、行业的集团化大型企业、专业化中型企业、网络化小型企业的企业格局，创新企业的经营模式；另一方面，积极吸引国际资金、社会资本，要使民营资本进入旅游与文化行业，参与开发建设与经营，建立多元化投入的市场运作机制。

最后，根据比较优势理论，加快培育旅游企业竞争力，增强竞争意识。

2. 探索完备的旅游产业政策体系

根据市场的发展需要，国家要不断完善旅游和文化政策，明确旅游与文化经济的发展方向，指导旅游与文化经济的全面发展。这些政策主要包括以下方面。一是产业定位政策，即要明确旅游与文化业在国民经济中的地位，这是一切具体政策的源头和根本。二是产业导向政策，即旅游与文化业发展所应坚持的原则和方向。三是产业市场政策，即要明确和强调市场导向的观念，这是市场经济对产业政策的基本要求。四是产业布局政策。产业布局的宏观调控政策的目的和作用主要是调整结构、转变增长方式，其中包括经济结构调整、产业结构调整、产品结构调整等。五是产业投入政策。国家应鼓励社会各方面的资本投入旅游与文化业，贯彻"五个一齐上"和"内外资并用"的方针。六是产业组织政策。国家应要求加强旅游与文化市场主体的培育，为旅游与文化企业创造公平竞争的发展环境，实施适合经济特点的产业组织政策。七是产业保障政策。旅游产业和文化产业政策能否有效实施，在很大程度上取决于保障手段。要支持旅游与文化部门贯彻实施好产业政策，应以法律、法规等形式保证产业政策的实施。

3. 完善旅游产业政策的立法程序

产业政策制定的过程实际上是各方面、各部门利益主体知情、表达意见和利益博弈的过程，在立法的过程中要坚持公开、透明、民主、参与的基本原则。首先，针对目前产业政策立法起草的主体单一、部门的利益倾向严重等突出问题，在实际的政策制定中要采取多部门联合草拟的方式，形成良好的利益表达机制。其次，在政策操作中，要对项目的可行性和必要性进行论证，吸收公众参与，做好调研，应将该立法的背景、意义、目的、目标、进程、方案选择、总体内容，以及公众和专家参与的方式、途径、程序、具体办法等在一定的范围内进行公告，在公告期间要保障公众能充分表达其意见。最后，建立立法的跟踪评估机制，保持对立法全过程的监督，保证立法机构能够及时修订和矫正法律法规自身所存在的一些缺陷，进一步改进立法工作，不断地提高立法的质量。

4. 形成旅游产业国际合作与竞争的政策支持环境

随着我国旅游业与文化业国际地位的不断提高，国际合作与交流日益加强。我国积极参与世界旅游组织和地方旅游组织的各项活动，不断走向世界，不断地扩大与主要客源国的交流。通过国际合作，交流发展旅游产业与文化产业的经验，在实践中，能够借助对方的力量来克服自己的不足，加速旅游产业与文化产业发展的进程；通过国际竞争，也可以培养较高素质的旅游产业与文化产业，从而进一步完善本国和地方的旅游与文化市场，为旅游产业和文化产业的健康、长期成长奠定基础。我国要加强对国际交流合作的政策支持力度，积极创新与外国企业的合作方式，支持本国旅游企业参与国际市场的竞争并给予必要的资金、人才等方面的支持。旅游产业和文化产业政策内容和形式也应该体现出这种政策导向。当然，需要注意的是，旅游与文化市场的开放是一个渐进的发展过程，要避免形成由于政策支持力度不够，而造成旅游产业和文化产业不能适应竞争激烈的市场环境而过早地成为衰弱产业的局面。

第六章 信息技术对旅游产业的影响

有效提升企业信息技术应用水平是企业增强竞争力的重要前提。信息技术的应用广泛地改变着人们的生活空间和生活方式，也提升了企业的协作效率和竞争力。信息技术和旅游产业的融合，已经改变了旅游交易方式、资源供给配置方式和旅游产品生产促销方式。本章分别探讨了信息技术对旅游消费、旅游行业、旅游供应链重构等方面的影响。

第一节 信息技术对旅游消费的影响

信息技术是主要用于管理和处理信息所采用的各种技术的总称，它主要是应用计算机科学和通信技术来设计、开发、安装和实施信息系统及应用软件。信息技术也被称为信息和通信技术，主要包括传感技术、计算机与智能技术、通信技术和控制技术。信息技术已经渗入社会的各个层面，创造性地改变着我们的社会和时代。随着信息技术的快速发展，智能移动终端应用的普及已经规模性地改变了旅游消费习惯和交易方式，并引导着旅游消费新趋向，在旅游供给和需求之间形成信息落差，呈现旅游消费倒逼旅游供给侧结构性改革的态势。

一、智能终端改变旅游消费习惯

消费习惯具有较强的迁移性，信息和通信技术的应用不仅改变了我们日常的消费习惯，还向旅游消费领域迁移。移动通信技术的发展日新月异，我们加速体验了2G、3G、4G的移动通信终端变更带来的生活便捷，5G移动通信以更宽泛的网络生存方式也已经向我们走来。[①] 首先，移动终端消费习惯已经养成，智能手机改变了人们的网络使用方式，这正规模性地改变着人们的生活习惯和消费方式。其次，移动网络旅游消费成为新常态。人们的移动网络消费习惯已自然而然地迁移到旅游消费活动之中。最后，信息提供方不

---

① 陈国生，刘军林，陈政，等．信息技术驱动下的旅游供给侧改革 [J]. 南华大学学报（社会科学版），2017，18（1）：35-39.

断推波助澜。目前，国内主流旅游电商均推出了 App 应用，以更灵活、更及时、更具个性化的方式满足青年消费者的应用需求，如"阿里旅行"改名为"飞猪"，主攻青年个性旅游需求市场；"携程旅行"移动用户群也非常庞大；北京推出公交车移动查询系统，上千条公交线路的动态运营情况每 10 秒更新一次，极大地方便了旅游者的公交出行；杭州、南京等地区政府通过微信发布公共旅游信息，西湖、长隆等景区通过微信为游客提供更贴心的服务。但旅游产业经营管理整体上还未跟上信息化的脚步，景区经营还未形成信息化共识。总之，智能终端改变了旅游者的消费习惯。旅游者消费习惯的改变不仅成了旅游业整体升级转型的动力，还将成为部分企业倒闭的主要因素。①

二、移动网络改变商品交易方式

信息和通信技术，特别是移动网络智能终端的普及正在从根本上改变人们的交易方式。网络交易改变了消费的选择范围，也改变了交易地点、交易对象。在传统服务业经营中，消费者需要拿着钱去商店买东西，消费者的选择范围受到商店现有商品种类数量的限制，交易地点只能在商店，完成的是商店和消费者之间的交易，交易中或交易后存在的问题一般由双方面对面协商解决，且消费者处于运动、奔波状态。在现代服务业经营中，消费者通过网络平台在众多对象中进行比对选择，可选择的范围十分宽泛，可比对性较强；交易地点在网络平台，无须面对面；通过专门支付平台完成支付，交易可追溯性较强；网络电商和物流运营商之间无缝合作，直接将商品送达消费者，让消费者处于相对静态的享受之中。例如使用手机进行网络订餐时，消费者只需在网上找到自己想吃的美食，下单并在线支付，在规定的时间范围内美食就会被送上门，而消费者仅需坐等和享用。但旅游产品的多数预订仅能享受预约服务，除门票、网约车和部分旅游商品外，其他旅游产品难以实现上门服务。旅游的这种传统服务方式与现代消费方式渐行渐远，旅游供给侧技术性改革势在必行。

三、在线比选刺激旅游多元消费

比选是日常交易中常用的手段，它是不同于招标、谈判、询价或定向采购的选择方式，如女性买衣服通常采取比选的方式。旅游决策的制定需要对若干个潜在旅行方案进行比选，以提升旅游消费的价值，降低旅游风险。

---

① 陈国生，刘军林，陈政，等.信息技术驱动下的旅游供给侧改革[J].南华大学学报（社会科学版），2017，18（1）：35-39.

在线旅游方案的比选同时影响旅游决策和旅游趋向。一方面，信息化极大地提升了旅游决策比选的参照物和可靠性，让旅游者可以轻易地获取潜在目的地普通旅游者的口碑及评价、旅游时尚达人的攻略建议、消费价格、产品类型和风格、餐饮住宿、旅游交通等信息，形成对潜在旅游方案的主观和客观评价，以提升旅游决策的质量；另一方面，信息化使人们的旅游决策日益受到权威媒体、影视作品、焦点事件、媒体广告等多方面的影响，以类似于引导服装潮流的方式引导旅游消费的趋向、趣向和潮流，进而推动旅游时尚特性的日益凸显。

第二节　信息技术对旅游行业的影响

传统旅游产业的惰性和旅游产品异地消费的特性，使旅游供给的信息服务与市场需求之间存在较大差距。在中国移动终端支付消费迅猛发展的情况下，这种差距进一步被放大，造成部分景区经营困难，但同时也为旅游新业态、经营服务新形式、产业新融合发展预留了足够的空间，在新一轮的旅游产业竞争中扮演着关键性角色。

一、信息技术改变旅游行业的竞争格局

信息技术作为生产力要素，具有广泛的渗透性和增值性，它渗入旅游产业，并成为旅游产业变革的核心驱动力之一。信息技术不仅能提升旅游资源整合能力、提升区域旅游竞争力、改变旅游产业格局，还能通过为旅游产业现代化服务提供技术支撑拓展旅游电商的发展空间。

（一）信息技术提升旅游资源的整合能力

区域旅游资源整合能力的强弱，直接影响了区域旅游的形象和竞争力，而信息技术的应用在一定程度上决定了区域资源的整合能力。信息不对称是阻碍区域旅游资源整合和旅游发展的关键因素之一。增强旅游信息技术的应用，可以提升资源整合能力，解决因信息不对称和传递过慢造成的资源统筹管理问题。例如，武隆智慧旅游平台不仅是武隆区统一的旅游宣传营销官方网站，统一的交通指挥、客流统计、实施监控等综合管理调度平台，还是武隆特色旅游产品、特色农产品等的展示平台。政府应增强区域旅游信息资源的整合能力，将区域内的旅游信息更全面、快捷、准确地展现在消费者面前，以提升区域旅游的可信度和竞争力。首先，区域内旅游信息主要包括各

类旅游资源／产品信息各类旅游服务信息、企业经营动态信息等。其次，将区域内旅游资源／产品信息进行整合，通过网络展现在旅游者面前，让旅游者充分了解，改变因信息不对称造成的区域内旅游消费的过度集中，以及大部分旅游资源／产品信息处于被遮蔽状态的现象。最后，通过地方旅游公共信息平台整合各类旅游服务信息，统一发布节庆、交通、促销等各类服务信息，以提升信息的可信度和权威性。

总之，政府应通过智慧旅游平台，整合区域内企业经营动态的资源信息，特别是中、小旅游企业的信息，将其以标准化、可视化、实时化的方式展现在消费者面前，以提高区域旅游的服务质量和竞争力。

（二）信息技术改变区域旅游的竞争格局

信息技术推进旅游业与其他相关产业深度融合形成新的生产力和竞争力，成为能够改变区域旅游竞争格局的关键性力量。首先，信息技术推进旅游产业融合旅游企业。通过内部信息管理平台，不仅可以提升内部经营管理的效率，还可以强化同产业链上、下游的合作关系，形成信息共享、行为互动、利益关联的融合发展平台，提升旅游产业的生产效率和服务质量，提升区域竞争力。其次，信息传播影响旅游市场格局。信息技术应用是继交通条件之后又一影响旅游产业格局的核心要素。区域旅游竞争不仅受到客源市场消费状况、区位条件、交通格局、旅游吸引物等要素的影响，还受到旅游信息技术应用及信息传播深度和广度的影响，并且其影响权重日益增强。目前的信息传播覆盖程度足以影响市场格局。最后，旅游大数据提升信息价值。在旅游信息获取与传播全面网络化的时代，区域旅游竞争不仅受信息传播能力及程度的影响，还深受旅游信息整合能力的影响，因此将旅游信息整合成旅游信息资源，通过大数据的挖掘对旅游信息资源进行开发利用，提升旅游竞争力逐步成为区域旅游竞争的重要路径。

总之，随着信息技术的应用，将信息转化成可开发的旅游资源，创新性地改变区域旅游竞争的对比力量，逐步改变旅游竞争格局。

（三）创新旅游企业的管理服务

信息技术同旅游产业融合是一个渐进的过程，受信息技术水平、技术成熟程度和融合成本等多种因素的影响。[①] 目前，中国智慧景区建设经历了

① 陈国生，刘军林，陈政，等.信息技术驱动下的旅游供给侧改革[J].南华大学学报（社会科学版），2017，18（1）：35-39.

1.0 版（数字化景区建设时期）、2.0 版（管理应用主导的智慧景区建设时期），正在向 3.0 版（服务应用主导的智慧景区建设时期）过渡。旅游企业服务管理质量从 1.0 版到 2.0 版具有较大幅度的提升，如在提升景区营销决策的科学性方面，2.0 版可以同公安交通系统联动，通过车牌识别系统准确地统计不同区域、不同城市自驾游游客的招徕情况，为旅游营销资源分配提供直接决策依据；通过摄像头监控系统，能定期或随机巡视景区客流状况，对热点地区、滞留路线、拥挤地带进行及时疏导或发布提示信息，以减轻景区热点的压力；通过闸机验票系统反馈信息，及时掌握景区内的游客数量，从而及时调整售票、检票策略，启动紧急预案等。智慧景区 3.0 版通过游客手机预订信息，通过大数据的挖掘及时掌握游客的历史消费记录、消费偏好、消费层次等，从而提供更具个性化的入园消费体验；景区可以根据游客定制化的消费信息做出针对性安排，提升服务的个性化；通过智能泊车系统、异动自动监控系统、自动工作巡视系统等，能更智慧、更精细地进行景区管理。

（四）培植旅游电商的势力范围

旅游电商在旅游产业由传统服务业向现代服务业的转变中扮演着推手的角色，用利益倒逼的方式迫使旅游经营企业不断转型升级。旅游电商是信息技术发展的产物，没有信息技术的发展就没有旅游电商。信息技术不仅催生了旅游电商，还不断培植着旅游电商的势力范围，以及旅游电商在旅游产业链中的角色地位。就目前"携程""去哪儿""驴妈妈"等发展的状况而言，旅游电商已经成为强势的第三方。一方面，旅游电商依靠对信息端口和旅游者信息依赖的培养，拥有巨大、优质的旅游消费群体；另一方面，旅游电商通过对酒店签约、景区签约等方式，不断增强对旅游供给市场的影响程度和深度，同时推出自家旅游产品组合，成为旅游服务的直接供给者。多数旅游景区在与旅游电商的谈判中处于不利地位，出于对销售量的需求，不得不接受旅游电商的条件和要求；而部分景区则通过自建平台，积极地与消费者直接面对面，减缓对旅游电商的过度依赖。

二、信息技术提升旅游服务供给效率

旅游生产、消费的同步性，决定了它和一般产品供给效率的差异。旅游产品供给效率的直接影响要素包括生产效率、交通组织、渠道配给等，间接影响要素包括消费意识、消费方式和媒体营销等。旅游业是高度信息依托型产业，信息技术不仅直接参与旅游产品的生产过程，还直接参与旅游分销招徕、旅游交通和资源配给等，以提高旅游产品对游客的直接和间接供给效率。

（一）信息技术介入企业运营

信息技术介入企业运营可以提升旅游企业的管理效率，而旅游企业通过信息化运营提升景区资源配给能力、员工服务效率、配套服务能力，提高旅游产品的供给效率。例如，信息技术无法改变景区瞬间旅游产品供给的极值，即它难以改变瞬间旅游景区承载力的极限，但可以通过优化交通路线、引导游览路径、调节入园时段等手段，改变景区的接待能力，提升景区高峰期旅游产品的供给效率；视频巡逻系统可以在短时间内完成对景区运行情况的视频巡视，提升员工的工作效率；智能办公系统可以让景区运行得更顺畅；数据挖掘系统可以为企业决策提供科学依据。

（二）信息技术提升供给效率

信息技术直接介入旅游服务生产中，以替代人工的方式提升旅游产品标准化服务，提高旅游产品的供给效率。例如，通过 App、二维码、位置感应器等景区自动解说系统，可以为游客提供图片、音频、视频、动画等多媒体解说；基于二维码、位置感应器的酒店自动入住 / 退房系统，游客可以自助办理入住 / 退房；由于电子验票系统取代人工验票，游客可以刷二维码直接进入景区等。

（三）信息技术改善配给渠道

旅游电商是信息技术发展的产物，正在取代旅行社等传统中间商的角色，发挥组织招徕和配给渠道的功能。旅游电商已经形成庞大的第三方力量，其掌握的信息资源足以对旅游交通、餐饮住宿、观光度假等社会资源进行实时调配，以满足旅游者的多元化需求，提升旅游产品的供给效率。例如，通过推荐路线、交通组织、特价机票、酒店预订等，能在一定程度上优化社会资源的配给能力，综合提升旅游供给数量和质量。

（四）信息技术刺激旅游需求

随着智能手机的普及，人们每天主动或被动获取大量刺激旅游行为发生的信息，而影视、媒体、达人、亲友等外界信息的反复刺激成为旅游动机和旅游需要产生的关键动力。旅游信息改变着人们的旅游消费习惯，主导人们的消费意识，进而刺激产生新的旅游消费方式、旅游热门产品线路。同时，移动网络系统错峰旅游、淡季旅游、休闲旅游等观念，以及旅游景区不同旅游产品的刺激，在一定程度上缓解了旅游景区淡季产品的供给问题，而旅游消费需求的增加进一步刺激旅游供给效率的提升。

（五）信息技术提升交通效率

便捷的交通如同发达的物流一样，是提升产品供给效率的关键手段，提升交通效率就可以提升旅游产品的供给效率。同时，旅游交通也是旅游招徕的核心要素，它既是旅游手段，又是旅游产品。旅游交通本身是影响旅游招徕的关键因素之一。便捷的交通可以刺激旅游需求，促进市场需求的扩张，提升目的地产品的供给。信息技术提升旅游交通效能，增强旅游出行的可控性，不仅有利于刺激旅游需求市场，还能刺激旅游交通资源的重新配置。例如，旅游者通过"12306""携程""去哪儿"等网络预订系统可以轻松地解决铁路、公路、飞机等中远程交通问题，为旅游计划的制订和实施奠定交通基础。同时，旅游电商通过特价机票、组合交通等方式，加大对旅游交通资源的配给力度，可以进一步刺激旅游市场的需求。另外，网约车的合法化加大了社会闲置交通资源向城市旅游配给的力度。旅游者通过"滴滴出行""神州租车"等 App，能轻松地解决目的地城市内的交通出行问题。通过"百度""高德"等在线地图服务，旅游者可以轻松地解决异地出行的位置、交通问题，切入步行、公交车、出租车等不同模式以获取不同的交通信息，而且通过街景或周边模式，不需要满大街找路标、找餐厅、找厕所等。旅游交通问题的化解，有助于推动旅游需求的扩张，同时影响旅游供给效率的提升。

三、信息技术促进旅游供给侧改革

旅游供给侧改革需要创造"令人心动的有效供给"和"让人心安的产品质量"，信息技术为旅游服务创新奠定了坚实的技术基础。[①] 通过信息对资源的整合、对旅游消费的数据挖掘、对旅游交易的担保，旅游经营者可以提供更具层次性的产品、更具个性化的服务和更安全的消费体验。

---

① 　王兴斌.旅游供给侧改革需行业联动 产业融合 [EB/OL].[2016-01-05].http://www.ce.cn/culture/gd/201601/05t20160105_8056385.shtml.

（一）智慧景区以顾客为核心

旅游最终落脚于对旅游产品和服务的体验，而旅游景区是这种产品和服务的关键供给者。加快 3.0 版智慧景区的建设，可以更好地提升景区的服务水平，提供更加个性化的服务。

1. 更丰富的旅游信息

景区通过 App 平台对已关注的潜在顾客定期推送多元化的消费信息，以培育景区与旅游者的潜在消费关系；通过 App 平台对已经购买景区门票、酒店服务的游客，提供动态交通信息、个性景区游览攻略、特色餐饮美食等信息，满足旅游者对景区解说信息、交通信息、服务设施信息及服务质量价格信息的需求；对在园的旅游者提供动态信息推送、咨询服务，及时解决旅游者在游览过程中的多方面的信息需求，同时收集旅游者的消费偏好和消费轨迹信息，为再次提供更具个性化的服务作信息积累；对完成旅游的消费者，关注其反馈信息，及时更新顾客关系资源库，定期推送消息或在线回访等。

2. 更贴心的个性化服务

信息技术是服务业创新的关键因素。现在景区无法提供个性化、层次性、差异性服务的最大障碍就是无法知道游客的身份信息。智慧景区通过顾客管理和数据挖掘系统，从已经购买景区门票、酒店服务的旅游者的交易记录、消费轨迹和消费趋向等方面着手，通过数据共享，挖掘、分析优质游客的消费轨迹、消费趋向和消费能力，及时预判优质游客的消费需求，有针对性地提供差异性产品服务，以满足消费者的个性化、多元化、品质化的需求。

3. 更精细化的园区运营管理

通过园区电子支付系统实时反馈信息，监控游客在消费交易过程中的风险；通过游客消费评价信息反馈，及时掌握景区经营中存在的问题；通过电子定位系统实时反馈信息，确保游客旅游行为的安全，对进入危险区域的游客及时提供预警服务；通过对园区噪声、生态、水质的监控，及时掌握景区的承载情况；通过景区安保系统，为景区防灾、减灾的安全运行保驾护航等。

（二）数据挖掘改善个性化服务

旅游数据共享是个性化服务的前提，没有数据共享与深度挖掘就难以开展个性化服务。旅游者通过网络支付消费的数据信息零散地分布于各个行业和各个企业。如果没有数据共享，没有大数据信息挖掘，这些信息就难以发挥其价值。例如，目前旅游景区很难对旅游者进行分层服务管理，因为企业不知道消费者的身份信息，就无从知道其消费能力、消费习惯、需求偏好等信息；但连锁酒店特别是国际性酒店集团却可以通过内部数据信息平台，共享 VIP、常客和一般会员的消费信息和历史数据，进而对客人的消费历史数据进行分析，提供更贴心的个性化服务。未来，信息共享平台和大数据挖掘将在旅游行业全面铺开，景区、酒店、航空的内部数据可以安全地共享，通过数据挖掘就能容易地区分哪些是优质游客及游客的消费偏好、消费习惯等。旅游企业可以根据平台的数据记录，在接待服务、客房餐饮、旅游体验等方面提供更贴心的个性化服务，提高服务质量和服务水平。

（三）技术创新提升供给效率

信息技术的创新性应用，将渗透到交通效率改进、社会资源整合和旅游服务效率提升等多个方面，成为影响旅游产品供给效率提升的关键因素。其一，信息技术提升交通效率。旅游者可以借助"12306"平台轻松地购买火车票，通过"滴滴出行"平台便利出行，通过"百度地图"轻松导航等，能以更舒适、便捷的方式到达旅游地，缩短旅游消费的中间时间，降低花费的交通时间的总占比，提升旅游时间占比，从而有更多的时间体验旅游活动，促进旅游产品生产/消费的互动。其二，区域旅游通过信息技术资源整合能力的提升，将区域内旅游资源组合搭配并提供给消费者，以提高旅游产品的供给效率，降低因信息聚焦和信息边缘化而造成的供给需求的偏移，缓解部分资源配置供不应求的状况。其三，信息技术应用提高服务效率。旅游经营者和从业者可以通过信息平台快捷地进行信息互动，使企业运行指令可以更顺畅地上行下达，降低沟通过程中造成的资源浪费和各个环节的信息漏损，进而减少在各个服务环境中的时间浪费，提升旅游供给服务效率。

（四）电子交易降低消费风险

电子交易具有便捷、安全、可追溯、可取证的特性，可以降低旅游消费特别是旅游过程中异地消费的诸多风险。在旅游决策和消费过程中，旅游者必须承担四类风险，即旅游决策风险、旅游成本风险、体验质量风险和意外事故风险。旅游决策风险主要包括目的地选择、旅游产品选择、旅游攻略安排等是否与所承担的心理风险和社会风险相适当；旅游成本风险包括旅游交易风险、时间成本风险和身体风险；体验质量风险是指旅游产品消费过程中体验质量存在的风险；意外事故风险主要是指旅游过程中的意外事故对旅游行程、旅游体验、财产、身体等造成的风险。旅游电商平台能较为完整地提供旅游目的地、旅游产品质量、旅游体验评价等相关信息，并在旅游交易中以第三方的身份对交易提供一定程度的担保，能有效降低旅游决策中因信息不对称造成的决策风险；能降低旅游交易中的价格、质量欺诈等风险；能通过体验评价、评级降低体验质量风险；能通过提供交通、气象等信息降低意外风险。

　　总之，信息技术作为旅游产业变革的核心驱动力之一，已经深度介入旅游产业的发展，不仅推进旅游产业由传统服务业向现代服务业转型升级，促进旅游供给侧结构性变革，还在一定程度上改变了区域旅游竞争格局和产业格局。例如，信息技术的发展将引导旅游企业构建以顾客为核心的运营服务体系；大数据挖掘将深度提升旅游产品的个性化、多元化、品质化生产和供给；信息技术创新应用将改善旅游产品供给结构，提升旅游产品供给效率；网络电子交易将降低旅游消费中存在的风险，为人们的旅游消费提供可追溯的过程性保障。因此，旅游企业必须适应信息技术引发的服务变革，积极推进以服务为核心的智慧景区的建设，增强企业内部运行管理的信息化，以提升旅游产品的生产能力和供给效率。

第三节　信息技术对旅游供应链重构的影响

　　旅游产品消费是游客在异地以位置移动为核心的消费，而旅游产品供应时效直接影响旅游移动交易和旅游消费体验质量。在移动在线消费日益普及的状态下，传统交易链条架构被颠覆，旅游电商不仅取代了旅行社的中间组织引导地位，还强化了旅游者、旅游电商、旅游企业的双向互动关系，其中旅游产品供给时效性成为影响交易关系的突出因素。

一、旅游服务多向度流动的市场变动

　　信息技术应用不仅是推动旅游产业链变革的动力，还直接影响旅游供应链重组关系，使旅游者、旅游中间商和旅游提供商之间形成更为复杂的

服务流动关系。旅游电商通过 App/ 端口形成对旅游客源信息和移动支付交易的垄断，成为重构旅游供应链的主导力量，在旅游交易谈判中占据优势地位。

（一）旅游者的购买体验与信息传递

在传统状态下，游客索取旅游信息并购买产品服务以完成旅游体验过程。然而在移动应用普及的当下，旅游者不再是旅游信息的索取者，而成为旅游信息的关键提供者之一，他们的旅游攻略、旅游体验、旅游评价的分享与传播，成为影响潜在旅游者消费的关键性参考信息。旅游目的地、旅游企业要想获得更好的市场口碑，就必须满足旅游者的消费需求以获得他们的认可和肯定，任何欺诈交易、低劣产品、服务不当都可能直接被游客曝光于网络，造成不良的市场影响。优质的旅游服务、产品则会被游客广泛分享和传播，成为旅游目的地、旅游企业市场稳定和扩张的基础。随着共享经济的不断发展，旅游者可能成为旅游产品的直接提供者，直接将自己的房屋、旅游装备、车辆等通过网络平台与其他旅游者进行共享。

（二）旅游中间商的平台采购与营销推介

在传统状态下，旅行社是旅游产品的采购方和旅游活动的组织方，通过采购交通、餐饮、住宿、景点等系列旅游产品服务，有效地组织游客的旅行活动来满足其旅游需求。然而，在信息技术创新应用状态下，旅游电商则成为需求信息和供给信息的集成者。

（1）旅游信息服务的主导者。旅游电商不仅掌握着海量需求信息、消费动向，还能进行精准的市场走向预测。

（2）旅游交易平台的提供者。旅游电商不仅能以传统中间商的角色与旅游产品提供商开展采购交易，还能为旅游者与提供商提供交易平台。

（3）旅游支付端口的控制者。旅游电商及其联盟平台 App 应用端口、网络端口等为旅游者和旅游企业的交易提供在线支付服务，成为旅游移动支付端口的实际控制方，并能直接影响旅游企业的在线交易状况。

（4）目的地广告的推广者。旅游电商不仅为旅游目的地和旅游服务商提供专业咨询决策服务，还提供细分市场推介和界面广告营销服务，以提升其市场影响力和交易成功率。

（三）旅游服务提供商的服务购买

景区、酒店等是旅游产品服务的直接提供商，为游客直接提供旅游产品及相关服务，但旅游服务供应商需要依赖旅游中间商进行客源招徕。在传统状态下，他们主要通过旅行社进行规模性游客的招徕。

（1）大型旅游企业可以通过官方网站、官方微博、员工微信等渠道进行营销推广及同游客进行直接的互动，但影响力十分有限；中、小型旅游企业难以开展此类活动。旅游企业难以摆脱旅游电商的中间控制。多数旅游企业在旅游产业链交易谈判中的地位较低。

（2）旅游提供商需要借助旅游电商的支付平台完成移动支付交易，而电子交易端口掌握在旅游电商手中，同时客源市场信息资源也主要掌握在旅游电商手中，因此旅游产品推广必须依赖旅游电商营销平台。

（3）旅游服务提供商不仅能够借助旅游电商平台获得网络预订信息、在线交易信息，对当下和未来旅游产品交易走势进行准确的判断，还能够借助旅游电商的咨询服务进行产品结构的更新调整，有助于提升自身竞争力。因此，旅游服务供应商在信息应用中的地位有一定的改观，但处在旅游产业链低端的状况没有较大改变，依赖中间商的总体现状也没有根本性改变，面对中间商的议价能力没有显著提升（部分优质景区除外）。

二、旅游交易违约的低成本利好

在传统旅游消费中，旅游交易违约主体多为中间商、旅游产品提供商，而旅游者主动违约的情况相对较少。然而，在移动预订普及状态下，旅游交易违约的主动权掌握在消费者手中，旅游者成为旅游消费违约主体，而低违约成本促使旅游交易活动更加灵活。

（一）违约主体与交易强制性的变动

移动预约消费在第三方平台的支持下，预约强制性发生了较大的变化，很多在线交易的强制性变弱，交易违约的主动权掌握在消费者的手中。以旅游服务产品为例，特价机票、特殊客房等属于强制性交易合同，一旦付费完成交易就无法取消，消费者将承担全部经济责任；火车票、汽车票等属于半强制性交易合同，消费者再支付一定费用即可取消消费合同；客房预订、餐饮、娱乐、景区门票属于非强制性交易合同，消费者可随时违约而不需要承担经济责任，但服务产品提供方则难以违约，否则将受到社会舆论谴责和经济惩罚。因此，旅游交易违约主体的变化、违约成本的降低，给旅游供应商和旅游产业链变革提出了新的要求，促使其发生改变以迎合市场的变化需求。

（二）低违约成本对供给效率的考验

从旅游交易的时间轴来看，旅游网络交易的完成几乎不需要时间，而旅游产品供给则需要时间，同时旅游者越来越缺乏等待的耐心，所以旅游产品供给效率就成了对供应链的严格考验，旅游敏捷供给将成为未来趋势。旅游者在异地移动中进行旅游消费，在时间轴上不断发生的位置移动决定了其消费特性，即对旅游服务产品供给时效性要求严苛。如果旅游提供商无法在理想的时间内满足旅游者的消费需求，旅游者将难以继续接受其服务而选择替代性产品，而原来的交易失败在所难免。因此，在旅游者可接受的时间范围内供给旅游产品将提高旅游交易成功的概率；超出旅游者可接受的时间，交易将充满不确定性。交易时间的限定给旅游敏捷供给的发展带来机会。

（三）灵活违约促使交易总量的增长

灵活违约不会降低目的地消费总量，反而能刺激更多的潜在消费者。[①]旅游消费违约成本的降低可以带来三大益处：一是刺激潜在旅游需求。低违约成本可以促使更多的潜在消费者做旅游计划，使潜在旅游愿望更容易变成现实行动。二是刺激旅游过程消费。旅游者随时随地获取丰富的消费信息，容易让消费者从"买与不买"的选择转变到"买这个与买那个"的选择，进而刺激旅游过程中的消费活动。三是提供消费安全的心理保障。低违约成本给旅游者提供了心理保障性安慰，在不满意可以退的心理预期下，降低了对旅游消费的防范意识，刺激了旅游者的消费欲望。因此，旅游违约成本的降低，能够刺激旅游市场需求，带来更优服务、更多选择和更好的消费体验。

三、旅游虚拟产业集群的供应变革

对旅游目的地而言，旅游产业的相对聚集能提升产品的供给效率。因此，虚拟产业集群的形成将适应敏捷供给的市场需求，降低旅游交易的违约概率。

---

① 刘军林.旅游供应链重构与响应时效研究[J].商业经济研究，2017（22）：179-181.

（一）增强旅游虚拟产业聚集度

传统旅游产业聚集受到空间的限制，在固定的范围内仅能容纳有限的旅游供应商，产品提供受位置的影响严重，而且部分供应商为游客提供产品的概率较低，造成资源在空间上的浪费。旅游虚拟产业集群将网络中间商和产品提供商虚实结合，能适度打破空间限制，进行资源重组和再分配，增加网络平台旅游产品供给服务数量和质量，为游客提供区域范围内更多的消费选择，以满足旅游者多层次、多元化的消费需求，进而增强旅游区域的竞争力。

（二）提升旅游产品的供给效率

"谁在动"是旅游供应链与一般商品供应链最显著的区别。旅游供应链是消费者在动，而一般商品供应链是商品在动，即商品通过快递物流在较短的时间内被运送到消费者的面前。能不能在旅游产业聚集区将二者有效地结合呢？以收入共享的契约精神 ① 组建的旅游虚拟产业集群能够提升旅游产品供给效率。旅游电商与地方旅游服务提供商形成了无缝旅游服务供应链，而内部公平竞争机制、交易监督机制确保了旅游产品的时效性。例如，提供送餐、接送或位置服务可以让景区外非显耀位置的酒店、餐馆充分参与服务竞争，降低显耀位置酒店、餐馆的接待压力，提高区域旅游产品的供给效率。区域旅游产品供给效率的提升，将更好地满足旅游者基于时效的定制服务，提升区域旅游服务质量和竞争力。

（三）降低违约概率和消费风险

旅游目的地虚拟产业集群不仅为旅游者提供了更为丰富的产品服务选择，还提升了旅游产品供给的敏捷程度，更好地满足旅游者扫码支付的消费需求，进而降低了旅游违约的概率。同时，目的地旅游虚拟产业集群还可以提升交易过程的透明度，增强交易的可追溯性，为旅游交易提供保障，降低了旅游消费价格、质量、品质等方面的风险，消除了游客交易心理风险的隐忧。例如，扫码支付可以记录交易过程完整的信息，增强了消费维权的可追溯性；同时引入了第三方交易监督担保，降低了交易欺诈发生的概率。

总之，旅游目的地虚拟产业集群不仅可以使旅游商品集聚，方便游客

---

① 　郑惠莉，达庆利.移动互联网供应链协调机制研究 [J].管理科学学报，2005（5）：31-37.

购买与商家供给，还可以为旅游商品交易提供监督和担保，净化旅游交易环境，提升旅游消费服务质量，进而推动区域旅游消费体验质量的上升。

四、旅游消费的响应——供给时效变革

从传统状态下的被动接收到信息时代下的主动选择，旅游者的消费地位发生了显著的变化，这对旅游产品供给时效提出了新要求，进而推动旅游供应链变革。旅游者在线购买旅游产品一般处于两种状态：本地预约购买和异地移动购买，即旅游前在线预约购买和旅游过程中在线购买，二者均对旅游商品提供商的响应时间要求严苛。因此，旅游购买响应时间和产品供给时效成为影响消费选择的关键指标。

（一）在线预约响应的时间要求

旅游前不断收集信息成为青年旅游者的决策习惯，他们在旅游出发前会做很多功课，其中关键性的功课就是预订消费产品，如住宿预订、行程预订、景区购票等，以获取可掌控的旅游行程和舒适的旅游体验。旅游潜在目的地预订信息的丰富程度和响应时间直接影响旅游者的预订与购买，间接影响青年旅游者对旅游目的地的选择，他们很可能因为目的地预约购买信息不丰富、更新不及时等因素而变更旅游决策。因此，旅游产品预约购买的响应时间影响旅游决策和预约消费。

（二）旅游产品供给的时间要求

随着电商的强势崛起及手机支付应用的普及，中国已经在移动支付普及程度、使用频度上走在了世界的前列，多数青年已经习惯手机支付。网购的迅捷消费习惯传导至旅游消费领域，促使旅游产品购买与供给时效发生关键性改变。在旅行过程中，旅游者会根据行程状况突发因素和随机事件等具体情况做适当的调整，其原定的预约消费将随之发生改变，新的旅游需求随之产生。例如，游客更改住宿预订，会以所在位置为半径进行信息搜索并提出交易需求，如果潜在酒店无法及时响应将立刻失去交易的机会。因此，旅游产品供给效率影响旅游交易成败。旅游者在异地移动状态下缺乏等待的耐心，对旅游产品供给效率提出了更高的要求，而无法提供及时服务的企业将失去交易机会。

（三）日常限时服务的推波助澜

随着中国快递行业的迅速崛起，限时服务明显影响了青年的消费习惯。例如，限时送餐服务过程中虽然有交通拥堵等诸多不可控因素，但是青年消费者对迟到的送餐服务依然会表达出不满。这种消费习惯和消费心理必将迅速传导至旅游消费过程中，对提供旅游产品的效率提出更高的要求。但目前旅游行业尚未做好提升旅游产品供给效率的准备，对旅游者的消费需求和消费态度变化估计不足。因此，提升旅游供应链的响应时效，满足旅游消费日益变化的消费需求，成为现代旅游产业产品供应链变革的核心环节之一。

总之，信息技术创新应用为旅游产业变革发展提供推动力，而移动支付习惯的养成和普及直接推动旅游供应链重组的进程。在旅游供应链重组过程中，旅游电商取代传统旅游中间商，并进一步强化了其中间角色的作用，旅游者、旅游中间商和旅游供应商的交易关系也发生了较大的变动，旅游供给时效、交易违约成本、虚拟产业集群成为旅游供应链重组变革的重点关注对象，并系统性地推动着旅游供应链的变革。

第七章 移动支付对旅游产业的影响

在旅游的过程中，免不了参观娱乐、购买商品、乘坐交通工具等，消费支付的手段既可以采取现金支付，也可以使用更为方便的移动支付。移动支付利用手机等移动设备实现资金的快速转移，保证了旅游交易的快捷、安全等，一定程度上促进了旅游消费的发展。本章主要论述移动支付对旅游消费方式、旅游交易、旅游金融等的影响。

第一节 移动支付对旅游消费方式的影响

一、移动支付的发展现状

移动支付是以手机、PDA 等移动终端为工具，通过无线网络实现资金由支付方转移到受付方的支付方式。移动支付商业模式是指移动支付产业价值链的构成体系。对于移动支付来说，其产业链主要由移动运营商、应用提供商、设备提供商、金融机构、商家、第三方支付服务提供商、系统集成商和终端用户组成。其中，移动运营商为移动支付搭建平台，是连接用户、金融机构和服务提供商的纽带；设备提供商提供能使用移动支付的 SIM 卡或者手机 App 软件，为移动支付的顺利开展奠定基础；金融机构对使用移动支付的用户的银行卡账户进行管理，营造一个安全的交易平台；移动支付服务提供商作为第三方机构，是连接银行和移动运营商的桥梁。

（一）移动支付在国内的发展进程

移动支付在中国的发展历程仅仅有十多年，从 2009 年中国移动推出手机移动支付业务试点，到 2010 年银联在上海、深圳、山东、四川等省市开展移动支付业务试点，再到 2012 年支付宝推出二维码支付业务，移动支付从一个陌生名词到现在发展态势十分蓬勃，其使用次数、支付金额及用户规模都在逐年提高。[①] 在日常生活中，超市、便利店、快餐店、电影院、KTV

---

① 宋滟泓．移动支付标准之争尘埃落定　赢家银联恐难坐老大交椅 [J].IT 时代周刊，2012（18）：30-31.

等消费场所都提供除付现金、刷银行卡之外的移动支付方式，其中最为典型的是二维码支付，随处可见二维码图标，"扫码"即可快速完成支付，不需要找零。二维码支付是一种更新颖、更便捷的付款方式。

移动支付之所以在中国发展得如此之快，其背后不仅有巨大消费市场的有力支持，还与多年来积累的互联网生态体系关系密切。在中国，移动支付绝对不是"互联网金融"这么简单。透过大数据、云计算等技术，大型互联网金融平台可以在融资租赁、酒店、租房、出行、婚恋、公共事业服务等多个场景下为用户、商户提供服务，其外溢效应和对经济形态的重塑能力大到难以估计。市场无国界，中国兴起的移动支付风潮迅速打入国际市场。支付宝已在欧美、东亚、东南亚的 33 个国家和地区接入了线下商户门店。在美国，支付宝已经接入 400 万个美国商户，与苹果公司的支付工具分庭抗礼。微信支付已登陆超过 13 个国家和地区，覆盖超过 13 万境外商户，支持 12 种以上的外币结算。① 百度和京东旗下的移动支付也开始全球化布局。与此同时，境外企业，包括谷歌、亚马逊、软银等在全球有广泛影响力的大公司，也瞄准了这一蓝海领域，并加快了市场布局。

（二）移动支付运营主体模式

目前，移动支付运营主体模式主要有以下四种。

1. 以运营商为主体的运营模式

该模式的价值链主要是以移动运营商为核心来管理手机支付价值链上下游企业的协调发展。用户用于支付自己消费的产品或服务的资金主要是从手机费用中扣取的，一般金额比较小。此模式的特点如下：银行不参与支付活动，用户直接与移动运营商接触；技术成本比较低；移动运营商需要承担金融机构的责任和风险，不然会与国家的金融政策发生抵触。

2. 以银行为主体的运营模式

此模式以银行推出的业务为核心来推动产业价值链的发展。移动运营商处于价值链的下游，以信息服务商的身份出现，不参与支付活动。在该模式下，手机用户可以直接登录所在的银行账户进行交易，但必须支付三方面的费用：由移动运营商收取的数据流量费用；由银行收取的数据费用；由银行、移动运营商、支付平台共同平分的服务费用。目前，各大银行基本都具

---

① 卢泽华.移动支付让中国品牌更走心 [EB/OL].[2017-05-23].

备手机支付业务，让用户可以利用手机等登录办理查询、转账及缴费业务。此模式的特点如下：各银行只能为自己的顾客办理业务，不受理跨行客户支付业务；移动服务商作为服务提供商，只提供信息的传递，不参与资金的流动；一旦用户转换到其他银行或者改变手机终端，就需要支付较大的转换成本。

3. 以第三方支付服务提供商为主体的运营模式

这是当前发展最为迅速且市场份额最大的一种运营模式。在这个模式中，第三方支付服务提供商作为单独的经济实体处于产业链的核心环节，而移动运营商和银行只是作为合作伙伴存在。第三方支付服务提供商的收益主要来自两个部分：一是向运营商、银行和商户收取设备和技术的使用费；二是与移动运营商及银行就用户业务使用费进行分成。此模式的特点如下：产业价值链的结构比较灵活，第三方支付服务提供商可以与不同的银行成为战略伙伴；该模式下的顾客可以从属于不同的银行，且银行之间也是互联的，用户与银行之间的服务变得很简单，且价值链上的企业之间责、权、利明确；该模式对第三方支付服务提供商的资金运转能力、市场管制能力、客户管理能力等要求比较高，一旦能力没有达到，整个价值链就有可能处于瘫痪状态。

根据《2016 年国内移动支付产品客户调查报告》提供的相关数据：当前第三方支付平台中，支付宝和微信支付依托各自在电商和社交应用上的优势，两者的"双寡头"市场格局已基本形成，而京东钱包、百度钱包、拉卡拉等移动支付产品目前还处于第二梯队。此外，与 NFC 技术相关的移动支付产品，在国内的应用情况不佳，如 ApplePay、三星 Pay、华为 Pay 等移动支付工具的市场反馈一般。在"扫码"支付与 NFC 支付的应用之争中，"扫码"支付逐步成为中国移动支付市场应用的主流，手机"扫码"支付的用户接受度明显高于 NFC 支付方式，二维码支付已跃升为移动支付的重要方式。[①]

4. 银行与移动运营商合作的运营模式

该产业价值链的核心是银行和移动运营商，它们共同参与用户资金的支付活动。在该模式的运行下，银行和移动运营商各自发挥自己的优势来保

---

① 王慧梅.2016 年国内移动支付产品客户调查报告（下）——移动支付产品的客户应用情况 [J]. 中国银行业，2016（5）：110-112.

证移动支付技术的安全和信用管理，使交易能够顺利、正常地进行。此模式的特点如下：移动运营商和银行可以用更多的时间和精力研发自己的核心技术，通过优劣互补来增强产业价值链的竞争力，带动上游和下游企业健康运营；在信息安全、产品开发和资源共享方面更加紧密；与移动运营商结成战略联盟的银行可以是多个不同的银行机构。

（三）移动支付形式的类别

移动支付根据双方交易所处的空间位置，可以概括为远程支付和近场支付两大类支付形式。

远程支付是指通过发送支付指令（如网银、手机银行、手机支付等）或借助支付工具进行的支付方式，实现方式有短信、WAP、手机客户端等。

近场支付是指在面对面地购买商品或服务时使用智能手机等移动终端进行的支付行为，包括 NFC 手机支付和二维码"扫码"支付。NFC 是一种近距离高频无线通信技术，不需要使用移动网络，允许电子设备之间进行非接触式点对点数据传输与交换，主要使用在手机上，可以直接刷机支付。例如中国移动和银联合作推出的手机钱包，将银行卡与手机账号绑定，利用NFC 技术，手机只需在与中国移动合作的终端机前晃一晃，即可在便利店、商场、超市、公交车等场所进行现场刷卡消费。NFC 技术主要是基于移动运营商的视角来进行支付场景的设置。近年来，二维码"扫码"支付在国内用于支付场景的现象非常普遍，一是因为二维码"扫码"支付技术在国外经过了一定的发展历程，已比较成熟，其支付无须依赖过多的设备和工具，对于各类型的商家而言门槛较低；二是使用简单易行，"扫码"支付习惯也在智能手机用户中形成；三是得力于 4G 和无线局域网在国内几乎全方位的覆盖。

（四）移动支付的发展特点

移动支付不仅是企业获取客户和维护客户的有效方式，还是其进入O2O 领域、打造生态闭环、实现跨界融合发展的基础性平台。随着近十年智能手机的普及和移动互联网的快速发展，互联网公司电商巨头、金融机构、大型传统商业集团、移动运营商及手机等智能设备厂商纷纷进军移动支付，支付机构更是将移动支付置于战略制高点，重金投入加速扩张，从而推动了移动支付产品和模式的快速创新，同时也成为普惠金融便民、利民的重要途径。近年来，移动支付业务呈现快速增长的势头，成为全球支付产业发展的重要趋势。目前，中国移动支付主要存在以下特点。

1. 移动支付的普惠化

随着智能终端的普及和功能升级，以及 4G 网络在中国各地区全方位的覆盖，工信部数据显示，截至 2017 年 6 月末，中国使用手机上网的用户总数已达约 11 亿，第三方移动支付在手机网民中的渗透率（在过去三个月内使用过的比例）高达 90.8%，在一线、二线和三线城市分别为 94.0%、91.4%和 89.2%。[①] 类似其他行业的发展趋势，移动支付行业也势必会从一线、二线、三线、四线城市逐渐辐射到乡、镇、村。预计未来移动支付行业在中国小城镇和乡村地区的渗透率将会有更快的增长，未来移动支付服务对象的覆盖面则会越来越广，无论是城市居民还是乡村农民，都能享受到普惠化的现代金融服务。

2. 支付场景的渗透

移动支付对手机网民基本做到了全覆盖，而用户又将移动支付带到了生活场景的方方面面。基本的场景支付区可以分为四大类：个人类交易、线上消费类交易、线下消费类交易和金融类交易。近几年，支付企业加大抢占线下支付场景，无论是景区、酒店、交通、餐饮、商超、影院还是医疗、金融等领域，更多的实体场景都在接受移动支付方式。移动支付将逐步发展成可以替代银行卡、现金的支付工具。

3. 社交式传播效应明显

移动智能终端不仅是移动支付的载体，还是移动社交的重要工具，将社交服务与金融功能融为一体已成为移动支付产品设计的重要思维。2015年春节，"抢红包"成为春晚观众互动的一个重要环节，这标志着"抢红包"背后的移动支付完成了量的积累，正式升级为一个全民参与的社会现象。"抢红包"让众多长尾用户初识和初试了移动支付，当部分用户自助或在亲朋的帮助下完成注册、认证、绑卡等过程后，形成了向移动支付用户的转化。支付宝、财付通等企业再趁热打铁地跟进一些培养用户小额、高频使用习惯的营销活动等，真正将这部分长尾用户培养成有效用户，进而完成移动支付质的飞跃。

---

① 相关数据来源于工信部数据。

4.支付平台的个性化

移动支付发挥移动互联、大数据、云计算的优势,以移动智能终端为业务开展的载体,可轻易获得终端持有者的身份、物理位置、使用习惯等私人信息,利用这些信息可有效地发掘用户的需求和偏好,并与合作伙伴一起为客户提供个性化、智能化、可定制的产品和移动支付服务。

5.平台开放成趋势

移动互联网时代,平台开放已是各项业务快速发展的不变规律。在行业标准的逐步统一和国家宏观政策协调推进的共同影响下,移动支付平台的开放已成为必然的发展趋势。移动支付产业链各方的角色也面临着重新定位,通信运营商、银行等金融机构和第三方支付企业将联合产业链其他成员,共同打造并维护一个开放的支付平台。移动支付的开放,意味着新的商业模式不断涌现,更多的力量将会注入移动支付市场,移动支付服务提供商将会协作竞争。

6.生物识别技术助推支付新方式

在可预见的将来,随着生物识别技术发展速度的加快,除了现有的指纹识别技术外,还有人脸识别、虹膜识别、静脉识别等新型生物识别方式给支付带来更多可能性,如通过人脸识别即可完成整个支付流程。如此一来,对于用户来说,不必再记住复杂、烦琐的支付密码,直接降低了用户的使用成本和难度,提升了支付的便捷性。

二、移动支付对旅游消费方式的影响

移动支付伴随游客的整个行程,让游客可以随时随地利用手机等移动终端进行旅游路线、机票、住宿等信息的查询和产品的支付,实现各种旅游交易活动,十分方便、快捷。同时,互联网的繁荣发展和手机智能化程度的提高,使越来越多的消费者选择通过互联网、手机预订旅游产品和服务。在传统的旅游过程中,旅游者经常会面临携带大量现金、多次小额付款等问题;而对于习惯采用银行卡、电子货币等进行购买的年轻旅游者来说,通过手机银行、信息服务提供商等实现移动支付无疑会提供极大的方便。当前,中国的移动运营商、银行、互联网公司等企业开发的各类手机银行及第三方支付平台(如支付宝、微信钱包等),为国内外游客观光旅游、生活消费提供了快速、安全、便捷的支付手段。

（一）旅游移动支付的方式

1. 银行支付

银行支付方式主要有以下两大类型。

（1）银行卡线下支付方式。游客可以直接用各类银行储蓄卡或信用卡通过移动 POS 机支付旅游产品和服务消费。一些旅游目的地或旅游企业为了激励游客消费，与银行合作推出了既有银行卡支付功能又有旅游服务功能的旅游主题银行卡，主要以信用卡为主。旅游主题银行卡除了传统的支付功能外，还能在住宿、机票预订、餐饮消费、购物等方面获得价格优惠及积分奖励，其中一些旅游主题银行卡还提供免费旅游保险货币兑换等增值服务。中国大型商业银行均推出了与旅游业紧密相关的信用卡，部分银行选择与航空公司在线旅游服务商合作，部分银行选择与酒店、旅游目的地合作。游客除了可以利用银行卡进行传统的刷卡支付外，还可以根据发行的旅游主题信用卡的不同，享受相应的旅游价格优惠及相应的增值服务。

（2）手机网上银行支付方式。信息技术的广泛应用，使互联网预订酒店、机票、火车票、景区门票进一步普及，而便携式的移动设备、智能手机也成了随时随地方便预订、购买旅游产品的工具，与此配套的手机银行成为旅游在线预订的主要移动支付手段。目前，"去哪儿""携程""艺龙""同程"等大型在线旅游服务商及旅游目的地 App 运营公司都与各大商业银行合作密切，均将手机网上银行支付作为旅游在线预订的重要支付手段进行推广。

银行支付模式主要有以下三大特点。一是便利。无论是银行卡的在线支付还是线下支付交易，都较为便利。尤其是线下支付交易，游客通过 POS 机刷卡就能在较短时间内与旅游服务商完成实时交易。手机网上银行同样具有支付便利的特点，通常情况下，只要不是大额度的旅游交易，基本上可以满足旅游消费的支付需求。二是可以享受旅游价格优惠。游客通过旅游主题银行卡进行线下和线上支付交易，可以享受银行与银行卡合作商户提供的餐饮、住宿、交通、景区（景点）、购物、娱乐等旅游服务价格优惠。三是为游客提供系列增值服务。除了提供支付交易和旅游价格优惠外，银行卡还提供旅游保险、高尔夫运动、贵宾通道、健康护理等便利服务，甚至一些银行还对游客境外支付提供海外便利货币结算、海外 SOS 救援、全球租车、境外医疗、翻译、护照遗失补办、法律援助等增值服务。

2. 第三方平台支付

移动互联网时代，旅游者对旅游产品的支付手段及支付场景有了更高的要求。第三方支付平台（如支付宝、微信钱包等）几乎可以绑定各类银行账户，支付手段和条件有了较大改善，并且一定程度上扮演着各类旅游在线服务商与游客之间的交易桥梁，将资金转入第三方支付账户，在完成旅游产品和服务消费前由第三方支付机构进行资金托管，当旅游交易完成后，再由第三方支付平台将相关资金支付给旅游服务企业，可以有效地规避游客的交易风险。目前，"携程""艺龙""芒果""同程""淘宝旅行""驴妈妈""去哪儿"等诸多旅游在线服务商与第三方支付平台企业建立了合作关系。从目前来看，随着手机智能化程度的不断提高，无论以何种方式出行的游客，对手机支付的需求都呈逐年猛升的趋势。

（二）旅游移动支付的发展现状

移动支付改变了游客的旅行方式。以酒店预订为例，2017 年的自由行游客通过移动端预订酒店的占比由 2016 年的 53％提升至 79％，增长了 26％。[①] 如今，移动端正在成为旅游企业的主要流量与订单来源。2017 年，"蚂蜂窝"旅游网来自移动端的交易额占比已超过八成。多数人已经习惯在手机端完成一个旅行的完整闭环，从启发灵感、浏览信息、规划行程、达成交易到行后分享，都在一个 App 里进行，尽量避免跳转。随时随地用手机预订当天的行程也成为趋势，越来越多的人享受自由随性的旅行。与 2016 年相比，2017 年自由行游客在途中预订当地玩乐的占比大幅提升，境外当地体验类产品的当天预订量占比增长了 10％，境内则增长了 13％。但有趣的是，自由行游客的"选择困难症"并没有因移动支付创造的便利而减轻。大数据显示，2017 年的境内游客平均要浏览 8 家酒店才能做出最终选择，出境游时更需提前一个月规划，浏览高达 20 家。[②] 信息超载和业态的丰富，让旅行者的选择更多也更困难。因此，不少旅游机构正试图用技术手段帮助消费者做出高效选择，如个性化攻略和游记、结构化大数据等。

三、移动支付对旅游行业的促进作用

随着国内居民出境旅行的大幅增长，中国跨境支付业务整体呈快速上

---

① 梦妮.中国已全面进入"碎片化旅游时代" [EB/OL].[2017-12-21].
② 信息来源于中国国家旅游局网站行业动态。

升趋势。近年来，商业银行、银行卡清算机构和非银行支付机构积极将中国移动支付手段和技术向境外商户拓展，将国内移动支付的业务模式和用户体验直接复制到境外，既方便了中国居民到境外旅游消费，也将中国移动支付技术标准和影响力迅速拓展到全球，引领世界移动支付发展，这对未来国际旅游发展方向起到了一定的引领作用。

（一）打造移动支付一站式服务

目前很多国家仍然采用的是最传统的现金支付，电子支付基础设施还比较落后，一方面是经济基础原因，另一方面也是使用习惯使然。这使跨境旅游者往往不得不携带现金出游，旅游支付极为不便的同时还面临现金遗失或被盗的风险，而且对于国际游客来说，由于支付习惯的不同，无论是兑换外币还是使用信用卡，都存在一定的阻碍。因此，高效、便捷的支付服务是促进国际旅游业可持续发展的一项重要支撑。当前消费者对移动设备越发偏爱，移动支付使用习惯也在旅游中逐渐养成。在国际旅游中，跨境移动支付也在蓬勃发展，以解决旅游目的地国家与旅游客源国之间的货币结算障碍，未来将形成全球化移动支付一站式服务平台。2016 年年底，中国银联已在境外 160 个国家和地区开通了银联卡受理，受理商户近 2000 万家，并积极将云闪付和银联二维码业务向存量商户快速拓展。[①] 2017 年，支付宝在欧洲的版图已扩张到英国、德国、法国、荷兰、芬兰、奥地利和捷克 7 个国家，覆盖百货商场、机场、餐饮等应用场景，已经实现了支持 18 种货币结算的全球收、全球付的跨境支付能力，不仅中国消费者可向海外商家支付，而且境外消费者也能向中国甚至海外商家付款；同时，游客还可以在欧洲用支付宝打车、退税，形成交易支付一站式全方位服务。

（二）促进旅游精准定制化服务

移动支付不仅能为游客提供安全、便捷的支付服务，还能利用平台的大数据对消费者进行购物行为数据分析。以旅游目的地为例，移动支付出现后，旅游者在门票、购物、住宿、餐饮等项目上的消费可以通过移动支付平台得到完整的反映，从而有助于目的地将旅游者的消费过程进行串联，更直观地了解消费者的社会统计学特征、在各国的饮食喜好、购买习惯、对旅游目的地的满意程度，以及旅游产品和服务存在的问题。目的地旅游景区在明

---

① 江苏省支付清算服务协会课题组 . 新型移动支付业务发展现状及安全保障研究 [EB/OL].[2018-03-21].

确了游客的确切需求后，就可为其量身打造个性化服务，针对旅游客源市场进行精准化的产品营销和服务，更好地提升当地旅游市场的服务质量和游客满意度。

（三）提高境外旅游自主性

移动支付发展过程中，以移动支付为交易手段的旅游移动电子商务平台也逐渐地渗透到旅游市场之中。旅游电子商务平台相较于传统门店，其内容信息更加丰富，呈现方式也更加灵活多样，可以通过一定的程序设计帮助消费者进行旅游目的地选择、旅游出行规划等。例如，中国游客出境后打开支付宝，"口碑""滴滴打车""民宿"等入口都会自动变成"发现""Uber"和"Airbnb"，可以用它们寻找周边美食、领优惠券、打车、订房间，就跟在国内一样方便。

第二节　移动支付对旅游交易的影响

一、移动支付提高旅游交易的安全性

随着移动支付的普及，不论采用何种技术实现支付交易，其安全性都是影响支付业务能否持续发展的关键因素。移动支付对交易环境的安全要求非常高，因而有利于提升旅游交易的安全系数。

（一）提高旅游交易环境的安全性

随着移动支付的发展，生物识别技术在移动支付中的应用会越来越广泛，即利用人体的指纹、脸部、静脉、虹膜和声纹等个人特有的特征，在移动支付时代替传统密码进行身份验证，其具有高安全性、唯一性等特点。智能手机在技术上的成熟和发展，使应用移动支付生物识别技术这一过程变得简单、方便，且成本不高。例如指纹支付，用户只需要在支付时将手指放置在指纹传感器上，就能够帮助支付和金融机构远程核实用户的身份，轻松实现支付，并且生物识别技术被黑客或犯罪分子突破的难度较大，这对于防止支付欺诈非常有效。

（二）身份验证避免交易欺诈行为

基于公钥密码的数字签名技术需要 CA 证书权威机构向移动支付中心商

业机构、支付平台运营商和支付用户终端发放数字证书，因此 CA 证书权威机构成为验证数字证书的可信实体。通过使用数字签名，移动支付系统一方面可以实现身份验证，另一方面可以保证商业机构、支付平台运营商、支付用户和银行等对支付行为的不可否认性，避免各个实体拒绝承认交易而使运营商面临被欺骗的风险，同时对旅游交易中存在的不道德、违法等问题行为也有一定的在线证据。例如在移动支付类 App 中，实施人证合一的实名制，将用户的银行卡与身份证和手机号进行身份绑定，为旅游移动支付用户提供最大限度的安全保障。

（三）各市场主体落实旅游交易安全

旅游企业、消费者、银行、支付平台是参与旅游移动支付服务的主体，在实施旅游移动支付的过程中，要从各主体方面加强旅游交易安全建设。

旅游移动支付企业是实施旅游移动支付的主体，一方面要努力提高企业核心竞争力，增强旅游移动支付市场黏度；另一方面要加快建立支付信用体系，提高企业自身信誉度和美誉度，并进一步完善移动支付用户的认证机制（如加密和验证机制），特别加强防范套现、欺诈和洗钱的风险。

银行一方面要加强自身安全建设，另一方面要严格审查旅游移动支付平台的资质和具体信息，探讨切实可行的实施方案，确保与信誉良好的旅游移动支付平台合作。

政府对旅游移动支付服务商参与各方要制定相应的措施进行监管。政府在监管中要完善法规政策，特别是要建立市场准入及退出机制，明确旅游移动支付服务商和用户的法律关系，培育良好的社会信用环境。

对于用户来说，他们首先要理智地选择旅游移动支付商，其次要加强自身的安全支付意识。

（四）移动支付平台充当着中介担保角色

旅游移动支付平台充当着旅游消费者和旅游产品供给者之间的桥梁和担保的角色。旅游支付平台不仅提供支付业务，还提供担保业务，这在一定程度上使得交易顺利进行，保障了交易双方的利益。

随着移动电子商务的发展，越来越多的游客出行加入网购大军中，其不受时间、地点限制的特点在方便人们生活的同时，也带来了新的问题。由于网络的虚拟性，网购的买卖双方无法面对面交易，这就产生了双方的不信任。与网上银行相比，第三方支付在交易过程中充当了担保的角色，消费者在选好要购买的商品并下单后，所付的货款暂时被存入第三方支付平台，而当收到货物并检查无误后，消费者只需通过互联网确认收货，之后第三方支付平台便会将货款划入卖家账户。有了第三方支付平台提供的担保，买家不用担心付款后收不到货品，而卖家也不再担心发货后收不到货款，还可以提供一定的退货保障。"携程""去哪儿"等在线服务平台均设置了全程交易保障体系，有效地保护旅游消费者的合法权益。

二、移动支付提升旅游交易的便捷性

移动支付具有随时、随地、随身的特点，与传统支付方式相比，其多应用于小额、快捷、便民等支付领域，如公共交通、旅游、菜场、便利店、移动互联网消费等。移动支付的发展正好契合了当前旅游消费需求趋势，如随时随地自主进行火车票、机票、酒店预订及网点门票购买、签证办理等。近年来，移动支付市场主体积极推动新技术与移动支付应用深入融合，创新业务模式和产品，不断拓展移动支付业务的应用空间，促进移动支付安全性和便捷性的提升。

（一）不受时空限制

借助由移动互联网和移动金融共同构成的支付平台，旅游支付可以克服传统柜面在地理位置和营业时间上的限制，从而让旅游者在更广阔的时空里领略更多的美好。

（二）支付手段更加先进

移动支付在客户身份认证方面，开始逐步尝试使用指纹、声波、人脸等生物识别技术作为身份辅助验证手段，有效地解决了外出旅游携带现金不便、支付过程复杂、境外货币结算不支持等问题。

（三）产品信息更加全面

电商企业、支付机构、金融机构、移动运营商等主体纷纷参与到移动支付这个发展前景甚好的行业之中，在移动支付产业链的合作与竞争当中，更加从用户体验视角出发，利用云计算、大数据、物联网、人工智能等信息技术对在线平台旅游产品的打造更加全面化、多样化，以满足游客在线旅游信息的搜集和咨询。

（四）购买决策更加科学

在产品营销方面，利用大数据等技术优势向各类旅游市场推出更加便捷化、贴身化的在线产品营销服务。在线支付平台将旅游者的消费习惯进行画像，根据其消费需求偏好提出建设性意见，帮助其自主规划旅游出行线路等。

（五）旅游消费碎片化、即时性特征更加明显

随着移动互联网基础设施的不断成熟，用户信息获取、消费诉求呈现出更加明显的碎片化、即时性特征。

三、移动支付提供更广泛的选择空间

在传统模式的旅游消费市场，市场信息的买卖双方的不对称性及商家对旅游产品有一定倾向性的营销，往往造成旅游者自身可选择空间受到一定限制。而互联网时代的旅游移动终端则将旅游产品信息相对全面、系统、可视化地展现在旅游者眼前，使旅游者可以在移动终端完成一个旅行的完整闭环，从动机驱使、信息搜集、规划旅程、完成交易到旅途分享，一个 App 就可以完成一切。信息数据的充分不仅使旅游者对旅游产品的全方位选择更加具有可操作性，而且让旅游市场呈现出多样化的选择空间。

（一）支付方式的灵活性

移动支付的出现使支付方式更加灵活多样，不仅解决了传统支付的时空限制，还解决了消费者使用某类型银行卡的限制问题，使支付方式的选择空间较大。现在很多旅游企业及其销售平台都支持各类手机银行、支付宝、微信钱包等移动支付方式，支付的便捷性也促使旅游消费更加顺利。

（二）旅游产品的多样性

无论是团体旅游还是自由行，一般都会在旅游出行之前先做好旅游攻略。传统的攻略信息一般来源于旅行社门店或在线服务平台，各类型旅游产品的信息是否全面一般会受到旅游产品供给者的主观意愿及产品时效性的影响，因而无法充分地了解各类旅游产品的动态实时信息；而以移动支付为核心技术的旅游移动电子商务平台则可以采用"边走边订"的旅游模式，打破旅游交易的时空限制，不仅可以使旅游者对旅游产品进行实时的了解，还可

以利用平台优势系统对比同类型旅游产品的价格、质量、优惠措施等多方面数据，让旅游者的选择余地更广。

（三）旅游市场的无边界

移动支付的发展将促进旅游产业经济的发展走向更广阔的领域。一是旅游营销成本大幅降低。移动支付的发展打破了传统门店经营及境外营销的高额成本门槛，大大降低了旅游企业的运营费用。二是通过移动终端平台，可以对旅游消费者市场进行全方位的精准分析、贴身定制、实时服务等，打破了传统旅游服务的一些局限性，更加契合消费者的个性化需求。三是通过移动支付技术及其在线服务平台，旅游市场的开发与拓展不再受到地域限制，有利于旅游企业走向全球化旅游市场。

第三节　移动支付对旅游金融的影响

随着移动互联网的普及，以及通信技术、支付技术的进一步完善，移动支付消费表现出常态化。作为大众经济生活越来越重要的一环，金融消费衍生出新诉求，传统的金融服务显然不能契合当下发展的需求。金融服务要想实现更健康、长远的发展，更为迫切的是解决消费者多样化、便捷化的服务诉求及金融服务市场的结构性均衡问题，可以通过移动支付等技术手段加强金融广度的延伸，打造新时代下的移动金融。移动金融是指以移动互联网移动支付为基础，以移动终端、应用为载体的金融服务的总称。从内容上看，它包含移动银行、移动支付、移动证券、移动理财等方面，即通过大数据、云计算、移动通信等实现移动端产品或服务交互、资金融通的一种金融服务业态。

一、移动支付推动金融服务发展的意义

（一）将金融服务普惠到更为贫困、偏远的地区

现有的农村金融机构几乎都依照商业化模式经营。由于农村居住形态存在较为分散的特点，特别是偏远山区，出于对营销成本和金融利润的考虑，传统型的金融服务体系很难满足这些地区的实际需求。移动金融则不受地理空间的限制，有效克服了传统的金融服务体系网点不充分的问题，为农村金融生态环境的改善提供了有利条件。

（二）降低金融服务管理营销成本

通常，农村地区产业经济形态、农民收入水平、消费水平等和城市总的来说仍有一定差距，特别是偏远农村地区对金融需求的起点低且相对零散，如果按照城市聚集区开设传统金融机构，无疑会增加交易双方的成本费用，即金融网点提供服务的成本和需求者往返网点获取服务的成本。而与传统金融相比，移动金融只需要在手机等移动终端上操作即可完成，无须在实体网点设置，大大降低了金融机构实体网点的各项运营成本，有助于实现广大农村地区金融供求结构的平衡。

（三）有助于推动农村金融供给侧结构性改革

传统的金融服务在市场竞争体制及利益驱使下，不断收缩农村金融市场业务，一般会将金融资源转向相对富裕的地区，从而使偏远地区的农村金融服务需求无法得到满足，明显不利于农村产业结构的调整和农民金融消费的诉求。移动金融不受城乡经济环境影响和地理空间限制，无论是城镇还是农村，只要是有网络覆盖的地方，都可以使用移动金融服务体系，极大地体现了金融服务获取的公平性，充分推动了农村金融供给侧结构性改革。

（四）移动金融消费场景化

随着人们消费需求的多元化发展，针对汽车旅游、装修、婚嫁等某个细分领域的移动金融消费正逐渐走入人们的生活，场景化消费信贷应运而生。对于普通民众来说，各类消费金融产品为金融消费者带来了便利，兼顾了高收益和流动性。消费者在选择消费金融产品时，需依据自身的偿还能力、财务能力、风险能力进行理性选择，并可从利率、灵活性、便利性等多个维度对比参考多家银行的同类业务，选择更契合自身需求的金融产品。

二、移动支付提升旅游金融服务的黏性

移动支付技术在旅游消费中的运用，不仅方便了游客的出行，使旅游交易更加便捷和自主，而且增强了旅游企业移动支付平台的金融服务黏性。

（一）移动支付的便捷加强用户黏性

移动支付方式的灵活、便捷是吸引在线旅游平台用户的一大重要因素。支付方式简单易行，无须受制于时间、地点及特定的银行，对于用户使用平

台产品而言非常简便，具体表现在移动支付聚合了各类在线支付方式，可与多家机构对接不同的支付工具并分别进行对账结算。聚合支付产品，可以使商户一点接入受理各类支付方式，不仅降低了商家的对接成本，而且升级了消费者的支付体验。

（二）激励措施提高用户积极性

移动支付有效的激励手段和显而易见的好处在提高用户转化率和塑造用户忠诚度上作用非常明显。移动支付机构往往会提供大量的优惠给予不同在线旅游平台的渠道商家，常见的激励措施主要表现在两个方面：消费优惠和信贷优惠。

1. 消费优惠

一是针对新客户方面，在线旅游平台和支付机构合作，在新用户进行注册认证后给予一系列优惠来稳定用户；二是为刺激用户消费，给予相应的产品数量折扣，即当用户购买旅游产品达到一定数量时可以给予一定的优惠折扣或者赠送，从而加强与用户之间的联系。

2. 信贷优惠

移动支付进驻在线旅游平台之后，旅游和金融的结合度越来越高，而信贷只是旅游金融的方式之一。各大在线旅游平台几乎都开设了旅游金融业务，通过"白条"、分期付款、短期零息等方式减缓用户一时的资金周转压力，充分考虑用户的现实条件和实际需求，提高用户消费的积极性和使用频率。

（三）体验式消费提升用户忠诚度

随着旅游O2O的发展，信息流、服务流和资金流在生态圈中共同形成旅游闭环。信息流方面，移动互联网获取行前、行中、行后数据成为可能，大数据分析能帮助用户进行旅游消费全方位画像，开展精准营销；服务流方面，企业开始为消费者提供行程策划、签证、目的地服务、消费贷款、理财、出境金融等一揽子服务；资金流方面，企业可以开发对于企事业端或针对个体用户端的金融服务，搭建金融产品超市，进行投融资对接。基于移动支付技术的旅游产品及旅游消费金融的体验性增强，必然会增加用户的黏性和用户的忠诚度。

（四）"旅游＋金融"场景加强平台凝聚力

从旅游类在线平台的发展来看，当前"去哪儿""途牛"等各大旅游平台普遍存在亏损的现象，这是困扰所有在线旅游平台的一大难题，而旅游金融的出现则让在线旅游平台看到了新的利润增长点。事实上，旅游金融类产品并不像想象中单一，除了比较常见的旅游分期金融服务外，还包括旅游理财、旅游保险经纪等方面的产品和服务，在推出旅游分期消费的同时，推出各类旅游相关理财产品，势必会给在线旅游平台带来更多的利润空间。将旅游和金融更好地结合起来，一方面利用平台原有的用户数量基础，提高旅游移动电子商务平台的金融产品利润空间；另一方面通过平台的金融服务优势回馈到旅游移动服务之中，通过一定的优惠措施，有效地刺激平台用户对旅游产品的在线交易。

移动支付平台将基金理财与旅游消费进行场景化融合，构建移动"金融旅游"服务平台，进行平台流量和海量用户大数据变现。旅游和理财都是高客单价品类，而"旅游＋金融"的场景融合，将增加用户黏性，促进用户重复消费，为移动在线旅游平台和用户创造长期价值。

例如，在线旅游平台"去哪儿"网中有一款旅游金融产品叫"拿去花"，即对现有的"去哪儿"用户授信一定的额度，最高可以达到30000元。"拿去花"额度是可以在"去哪儿"网购买产品的虚拟信用消费额度。目前"去哪儿"网的所有旅游产品都支持使用"拿去花"支付，包括机票、酒店、度假、门票等品类。使用"拿去花"的用户就像拿到了一张专门在"去哪儿"网上使用的专项信用卡。用户在支付时，勾选"拿去花"支付，输入支付密码即可完成订单支付，其整个支付流程相比微信支付、快捷支付等传统第三方支付方式而言更便捷、安全。新用户只需在线花费几分钟填写申请信息并绑定银行卡，激活开通的过程十分迅速，中间没有任何等待，从提交申请到获得额度确认反馈，前后不超过三秒钟。整个过程全部线上完成，没有任何电话审核、面审之类的线下操作。相比目前传统银行旅游分期申请耗时一个工作日的常规流程而言，"拿去花"可以在几分钟内完成从申请、审批及结果返回的全部流程。"拿去花"和一般的消费金融产品不同的是有一个月的免息期，如果用户一个月之内还款，这笔消费分期贷款其实并没有形成，而且没有利息作为利润。虽然用户比较偏向于使用一个月的免息期，但真正进行消费分期的用户还是有一定比例的。

三、移动支付增加旅游交易的频次

随着移动支付在旅游业中的运用，其对在线旅游交易的推动作用十分明显。移动支付方式的灵活、易操作等特性，对于处在碎片化信息时代的用户而言，随时随地都可在一定程度上刺激用户做出瞬时消费决策，推动旅游交易的频次；同时，以移动支付技术为基础的在线平台场景化渗透到生活中每个领域（包括旅游消费），有利于养成用户的旅游消费习惯，增加旅游消费频率；基于移动支付和大数据分析等技术对用户的消费画像，可以帮助在线旅游平台设计出更加精准和具有吸引力的服务营销，促进用户购买。另外，支付机构和在线旅游企业的各类福利补贴，如各类红包、优惠券等系列优惠措施也会增加旅游交易的频次。

四、移动支付促进金融服务的市场扩张

基于科技创新驱动及移动支付的发展，中国金融服务市场呈现出普惠化、生态化、数字化和国际化发展态势。

（一）中国金融服务呈现普惠化发展态势

当前农村地区智能手机用户和移动互联网用户数量呈逐年上升趋势，依靠手机等移动终端享受金融服务，能够较好地解决农村金融服务"最后一公里"的问题。移动支付使偏远地区消费者打开手机 App 就可办理付款、理财、转账等各种金融业务，享受到与发达城市用户无差别的金融服务，缩小了与发达地区用户在服务可选择性、及时性及服务水平等方面的差距，有利于推动实现金融服务的均等化和普惠化。

（二）中国金融服务呈现生态化发展态势

随着经济的发展、收入的提高和财富的积累，社会对资产管理和理财服务的需求急剧增加，通过投资理财进行资产增值保值的意愿大大增强。针对这种需求变化，市场主体推出的金融产品日趋多元化、个性化和分类化。与此同时，金融部门通过互联网使分散的、个性化的小微市场供需以低成本、高效率的方式聚集起来成为可能，形成新的金融市场。互联网理财、众筹等新兴业态极大地丰富了金融生态。移动支付随时随地、场景化、互动、高效、低门槛等特点，以及用户基于手机的一些行为特征，促使金融服务更多地呈现出互联网化、移动化的特征。此外，移动运营商、手机厂商、金融

科技公司等通过移动支付进入金融领域，不仅给用户带来了更多的支付创新和便利，还激发了各类围绕支付的增值服务创新，丰富了支付产业链的内涵与价值，加速了原有金融服务生态的变革与改善。

（三）中国金融服务呈现数字化发展态势

移动支付具有转移资金的基础设施功能，但其作为数据平台的基础设施功能更加突出。移动支付的快速发展，形成了多领域、多维度的数据信息平台，每一笔支付都对应着交易的信息，如地点、时间、交易主体、支付方式等，可以为网络征信机构提供判断用户信用水平的数据，从而对用户进行风险评估，克服信用数据缺失导致的融资效率低、风险控制难等问题。此外，移动支付的发展逐步改变和影响着货币使用的环境和形态，成为数字化货币发展最为重要的基础设施。从未来发展来看，数字货币的应用将和移动支付的发展互为支持、相互促进、并行发展。

（四）中国金融服务呈现国际化发展态势

中国主要的支付机构不仅仅局限于国内的市场，更将触角伸向了世界各地，快速扩张到海外，并收购新的金融科技公司。

五、移动支付推动旅游金融产业格局变动

移动支付的发展，不仅促进原有在线旅游企业加快旅游金融的布局，而且推动其他行业参与到旅游金融业务的大军之中。目前，市面上的互联网旅游金融产品大致可以划分为三大类：旅游分期付款、旅游理财以及旅游保险。

（一）旅游分期付款

旅游分期付款是当前较为常见的旅游金融模式，为旅游用户提供"先消费、后付款"等预授信服务。目前，"携程""去哪儿""驴妈妈""途牛""同程""京东旅行""阿里旅行"等在线旅游平台，以及兴业银行、中国银行等金融机构都在瓜分旅游分期这个大市场。

（二）旅游理财产品

旅游理财以货币基金和固定收益类产品为主，除了能使消费者预付的旅游费用获得增值收益外，还可用于办理资产证明、预订旅游产品等，如

"淘宝旅游"推出的"旅游宝"、"携程"的"程涨宝"、"去哪儿"的"趣游宝"、"途牛"的"途牛宝"等均属于此类。以"途牛宝"为例，钱存入"途牛宝"，相当于投资汇添富基金公司旗下的全额宝货币基金，这笔资金不仅支持在"途牛"旅游网上进行旅游消费等，还可选择直接冻结，作为出境游保证金。

（三）旅游保险产品

旅游保险与旅游场景结合度最高，一般是旅游网站和保险机构合作，提供旅游意外险、旅程取消险、航空意外险、签证保险等诸多旅游类险种，为用户提供出游的后盾保障。目前，"途牛""携程""去哪儿"等旅游平台都开通了此类业务，甚至取得保险经纪牌照，依托自身的旅游用户大数据，深耕旅游保险，为用户定制更加专业、更好体验的碎片化旅游保障产品。

除以上三大类产品外，"旅游＋金融"还为旅游者在外汇兑换、购物退税等环节提供全新的解决方案。总而言之，旅游金融已经嵌入在线旅游服务的各个交易环节，成为旅游延伸服务中重要的一环。在旅游金融市场上，在线旅游企业、金融行业、电商平台等都在积极布局旅游金融，它们纷纷推出自己的互联网旅游金融平台。其中，"途牛"是布局较为全面的一家，"途牛金服"依托自身的旅游资源，向消费者和供应商提供"一站式"互联网金融服务，不仅有针对个人的理财、担保、分期付款等产品，而且有针对供应链上下游厂商的理财及预付款产品；"去哪儿"网则从理财、分期、存款证明三个方面，通过与银行和相关专业机构合作，形成了点状布局；"同程"旅游也对外宣布优化上下游产业链及打造金融生态圈。

第八章　移动电商对旅游产业链的影响

旅游移动电子商务的快速发展对旅游产业链产生了深远的影响。移动电商用户群体的快速扩张，为旅游移动电商发展提供了广泛的用户基础。智能终端的普及、网络设施的完善，为旅游移动电商的快速发展提供了坚实的技术基础和平台，推动旅游移动电商向更为便捷、普及的趋势发展。越来越多的旅游者开始通过旅游移动电商平台实现自身的旅游需求，推动旅游移动电商向企业"线上"应用化与"线下"产业配套化趋势发展。本章论述移动电商从途径、应用等多方面对旅游产业链所产生的影响。

第一节　移动电商对旅游产业链的影响途径

旅游移动电商对旅游产业链的整合不断深入，旅游产业链形式从上下游"线链状"形态逐渐演变为多产业链主体、多层次网状协作的"网状"产业链形态，不同的旅游参与主体借助旅游移动电商在产业链中实现有效的合作，为旅游者提供适合其需求的产品，实现相关资源的合理配置与组合。[①]

一、旅游移动电商的基本特征

旅游电商是指以互联网或移动互联网为载体，以旅游信息、预订、移动支付和结算为基础，利用先进的电子手段实现旅游产品和服务创新、分销及结算的商务体系。随着移动互联网的快速发展及其在人们生产、生活中的快速和全面渗透，移动电子商务逐渐成为利用无线通信技术和移动互联网进行数据传递，通过智能手机、Pad 和笔记本电脑等移动终端设备与相关产业供给连接，完成旅游交易的新型电子商务模式。

（一）突破了传统电商的时空限制

旅游移动电商突破了时间和空间限制，具有无处不在、实时在线的特点。只要有移动网络覆盖，用户在任何时间、任何地点都可以灵活地进行旅

---

① 李化，郭璨. 移动电子商务发展趋势及模式构建 [N]. 光明日报，2014-09-14（007）.

154

游产品和服务的交易。因此，旅游移动电商用户能够在旅游行程中的任意时间、任意地点通过移动终端设备实现旅游产品和服务的信息查询、浏览、交易，彻底打破了传统的基于电脑等固定式终端电子商务交易的时间和空间限制，使旅游交易更加方便、快捷，极大地提高了电子商务交易效率和旅游者的满意度。

（二）有利于利用碎片化时间

碎片化时间是指旅游者需求多元化以后，其工作、生活中的零碎时间段。旅游移动电商的使用场景是动态变化的。移动终端的便携性使旅游者可以在任意场合接入网络，在上/下班途中、工作之余、出差、等候间隙等碎片化时间使用移动电商平台，进行旅游产品和服务的查询、浏览和购买。

旅游移动电商接入的移动性特征，使旅游者能够充分利用碎片化时间完成旅游交易活动，而不必占用日常生活的时间。旅游移动电商真正的价值在于能够让旅游产业的服务无所不在，用最方便、最低廉的方法让旅游者搜寻有关旅游产品和服务信息，并方便地完成预订和交易。由此，旅游移动电商逐渐成为旅游产业发展的主要驱动力之一，建立基于旅游者需求的新型产业链模式，是旅游产业发展的必然趋势和方向。

（三）即时响应旅游者需求

旅游移动电子商务可以即时响应旅游者需求，使旅游者及时获取所需要的各种旅游产品和服务信息，为旅游者提供快捷的预订和交易途径，提升旅游产业链运作效率。此外，旅游移动电商活动要求操作时间短，对旅游者需求的响应速度快，借助多种电子支付手段，实现更加便捷的商务交易，大大简化商业交易过程。[①] 尤其是手机等移动终端被旅游者随身携带，具有唯一号码、与移动位置关联等特性，使旅游移动电商可以随时进入旅游者的日常生活，为旅游者提供旅游目的地本地化的产业元素，满足衣食住行、吃喝玩乐等多元化的旅游需求，为旅游者带来丰富的旅游体验。

（四）满足旅游者个性化定制需求

随着移动通信的高速发展，手机等在日常生活中已由奢侈品变为生活必需品，并改变着旅游者的日常联系、交易、休闲等生活方式。旅游者个体在特定的社会环境和教育模式下所形成的个性差异，以及个人年龄、经

---

① 李化，郭璨. 移动电子商务发展趋势及模式构建 [N]. 光明日报，2014-09-14（007）.

历、职业、主观观念等因素的影响，使旅游者个体的需求心理和行为呈现多样化的状态。旅游移动电商与即时通信工具的结合，更强调旅游者体验与服务质量的重要性，为旅游者提供定制化的产品和服务，满足旅游者的个性化需求。

旅游移动电商以旅游者为中心，为穷游提供具体、简洁、实用和实时动态更新的个性化旅游产品信息和服务，甚至针对每一位旅游者的不同需求和特点提供专门化的旅游产品信息和服务。尤其是随着移动电商技术的突破和旅游需求的快速升级，以及旅游产业链系统的不断拓展，旅游者个性化定制的旅游产业链要素趋于成熟。鉴于此，随着旅游移动电商应用领域的不断拓展，旅游移动电商业务范围涵盖了旅游产业链活动的各个环节，旅游者可以根据自己的喜好和需求进行个性化旅游产品和服务定制。[①]

二、旅游移动电商的影响途径

（一）基于移动性的影响途径

作为借助移动互联网实现的系列交易活动，移动电子商务在应用中呈现出显著的移动性（mobility）和广泛联系性（broad reach）特征，并衍生出一般互联网电商所不具备的优势。这不仅包括不受时空限制、旅游者信息的获取更为及时、提供更好的旅游者个性化服务、提供基于位置的服务（location based service，LBS）、网上支付更加方便快捷及旅游紧急事件的快捷处理等方面，而且可以实现旅游者随时随地的旅游资源访问与数据分享。

旅游移动电商契合了旅游者旅游活动的异地性、移动性和综合性等特点，可以为旅游者提供精准、有效的服务，在旅游业中获得了快速应用，对旅游产业链运作产生了广泛的影响。由此，基于移动电商的旅游产业链供给就成为满足旅游者在旅游目的地、旅行途中的旅游需求的过程，以及与即时通信工具结合，根据具体场景对旅游者提供定制服务、满足旅游者个性化需求的过程。

1.对旅游信息获取的影响

旅游移动电商的快速发展，是技术推动、需求拉动和行业内竞争等各方面综合作用的结果。旅游移动电商突破了时空约束，伴随旅游者的整个行程，通过智能化终端为旅游者提供即时的旅游信息咨询，并通过线下的本地

---

① 李化，郭璨.移动电子商务发展趋势及模式构建[N].光明日报，2014-09-14（007）.

化旅游产业供给满足旅游者需求，由此实现了旅游产业链运作机制的创新和旅游产业链形态的"网状化"演变。

首先，旅游移动电子商务的移动性，使旅游者可以充分利用旅途碎片化时间。碎片化时间是在一段时间内一个或多个相对独立的时间间隙。在碎片化时间里，人们往往觉得无聊、空虚、无所适从。在旅游者的旅途中，存在大量碎片化时间，如在火车上、轮船上、就餐前、旅游景点排队、睡觉前等。随着旅游者对手机等移动终端依赖性的增强，在上述碎片化时间里，手机等移动终端扮演着重要角色。旅游者不仅可以通过手机等移动终端与他人保持通话联络，还可以随时随地浏览旅游资讯，搜索旅游景点、住宿、美食等，进行酒店、景区、票务等的预订，自主开发和设计旅游产品。

其次，旅游移动电商大大增强了旅游者的动态化信息获取能力和旅游事务处理能力。旅游一般具有异地性特征，而"惯常环境""非惯常环境"的转换是旅游者行为的关键表现形式。在旅行前，旅游者会通过电脑搜索、旅行社咨询等对旅游线路及其面临的"非惯常环境"进行调研。但是，由于信息滞后和实际情景的变化，旅游者在旅游行程中面临诸多的不确定性，造成旅游者行程中的风险，影响了旅游者的体验。旅游移动电商可以使旅游者获得旅游行程中的本地化动态信息，如天气、交通、是否有突发事件等，及时更改和规划旅游行程，减少旅游行程中的不适感。除此之外，旅游者还可以通过移动电商补充和修正相关旅游信息，及时调整和规划旅游线路。

最后，旅游者随时随地进行旅游信息的查询和比较，预订或更改旅游行程、产品或服务，符合旅游移动电商"移动性、便捷性、即时性"的特点。国内外旅游学术界的研究及欧美发达国家的旅游产业发展实践表明，大众旅游普遍呈现逐渐下滑的态势，而散客旅游、个性化旅游等旅游形式日渐兴起。在旅游行程中，旅游者需要实时查询、获取各方面的旅游信息，处理旅游行程计划变更、酒店和门票预订等一系列复杂事务（如天气恶劣导致航班延误、行李托运出差错、交通事故、意外纠纷等），根据实际情况的变化灵活调整旅游行程安排。

2. 对旅游消费方式的影响

首先，旅游移动电商丰富了旅游者的旅游体验。旅游作为一种复杂的社会经济现象，其核心在于旅游体验。旅游移动电商的应用使旅游者的出游过程更加方便和灵活，并且使许多个性化的旅游定制服务成为可能。旅游客户关系管理和客户沟通变得更加及时和快捷，大大改善了旅游者的旅游体验。此外，在旅游行程中，旅游者对移动商务技术的使用本身也构成了一种新的旅游体验，尤其是移动互联网和移动多媒体技术的迅猛发展将帮助旅游者驱散旅途中的乏味，并体验随时随地的精彩。

其次，旅游移动电商催生了新的旅游消费方式和消费群体。在传统的旅游消费方式中，旅游者购买旅行社的旅游产品，跟随旅行社组织的旅游团进行旅游。旅游移动电商使旅游者能够独立地规划和设计适合自身需要的旅游线路，通过有关旅游移动电商平台自主地购买和定制旅游过程中的各种旅游产品和服务。更有甚者，旅游移动电商使旅游者追求"说走就走的旅行"，在出游之前几乎不用考虑，利用电商在旅游行程中进行实时的旅游信息查询、比价、订购和付费，不仅突出了旅游者的自主性和个性化，而且推动了旅游消费方式的更新，造就了新的旅游消费群体。

3. 对旅游产业链运作机制的影响

旅游移动电商对旅游业及其产业链产生了巨大的影响和冲击，不仅改变了旅游产业链的组成及形态，而且变革了旅游产业边界及运作机制，形成了新的市场格局。

首先，旅游移动电商为旅游产业提供了新的发展机遇，催生了新的旅游产业要素、旅游产品和服务。一方面，旅游移动电商使旅游移动电商企业成为旅游产业链中的关键组成部分，为旅游产业的发展注入新的活力，对只提供传统旅游产品和服务的旅游企业产生了巨大的产品创新和需求压力，后者市场份额不可避免地受到削弱。传统旅行社直面来自在线旅行社的竞争压力，利润空间进一步减少。另一方面，旅游移动电商为旅游产业链相关企业提供了全新的运作依托平台，为旅游企业创新旅游产品和服务、进行营销宣传提供了有效的途径和广阔的空间。为了巩固自己的市场地位、获取客源，景区（点）、酒店等旅游企业纷纷开发旅游移动电商系统或与有关旅游移动电商平台结合，以旅游移动电商平台为核心，以旅游者为中心，以市场需求认知为导向，整合各种旅游产业资源，实现旅游产品和服务的营销和推广。

其次，旅游移动电商大大提升了旅游产业的信息化水平，使得旅游产业链的构成要素、业务流程、运作机制和产业链形态得以重构和改变。一方面，移动电商在旅游产业中的广泛应用，使旅游产品、服务的内容和评价标准发生了变化。比如，旅游景区（点）和酒店的星级评定标准需要做出新的调整，以适应旅游产业元素创新及其运作机制的变化。另一方面，旅游移动电商对作为旅游环境和支持系统的经济、社会、文化、法律、技术等方面造成了明显影响，旅游产业呈现旅游资源无限制、旅游者行为无框架、旅游体验无穷尽、旅游消费无止境的特点，形成全新的旅游资源、旅游产品、旅游产业和旅游市场。由此，旅游产业实现了产业链延伸无边界、产业无约束的发展路径，从单纯依靠旅游行业和部门的力量发展旅游走向与相关产业和部门的深入互动，实现了旅游产业链发展综合效益的提升。

最后，旅游移动电商改变了旅游产业内的竞争方式。为了吸引更多的旅游者前来参观、游览和消费，各旅游企业或构筑自身的旅游移动电商平台，或与门户式旅游移动电商平台紧密合作，提升旅游产品或服务的营销能力，并通过对旅游者需求的识别，即时实现线下旅游产业的响应，使旅游者产生良好的旅游体验。作为旅游第三方服务提供商，各旅游移动电商为了扩大自己的用户规模，积极通过旅游产品、服务和营销方式的创新，吸引客户，增强平台的黏性。此外，旅游移动电商让旅行社更方便地与旅游者保持实时联系，使其为旅游者提供更好、更及时的服务。因此，旅游移动电商成为传统旅行社提高竞争优势的重要来源，在旅游产业链发展过程中获取了新的生存和发展空间。

（二）基于本地化服务的影响途径

在旅游行程中，旅游者总是处于不断的位移之中。旅游移动电商基于位置的服务，不仅可以为旅游者提供与位置相关的即时旅游产品或服务信息，而且为旅游者提供了预订、购买线下旅游产业供给的渠道和通路，带动了线下旅游产业链的发展，在旅游产业发展中得到了广泛的应用。

1.应用类型

基于位置的服务借助移动网络，为旅游者提供定位和服务两大功能。基于位置的服务首先确定旅游者及其移动设备所在的地理位置，然后提供与位置相关的各类旅游产品或服务信息。具体来说，基于位置的服务在旅游业中有如下应用类型。

（1）休闲娱乐型

旅游移动电商会自动记录旅游者的位置，通过与旅游产品或服务提供者合作，为旅游者提供有关旅游产品或服务信息，实现了旅游产品或服务的精准营销和有效推广。

旅游移动电商通过绑定旅游者的其他社会化工具，同步分享旅游者的地理位置信息，鼓励旅游者对旅游产品或服务（如景区、商店、餐厅等）进行评价，以分享旅游经验和体验。借助有关旅游移动电商平台，各种本地化的餐饮以及音乐会、展览会等文艺活动，形成新的旅游产业供给要素，成为旅游产品或服务的组成部分，进一步成为旅游产业链扩展与渗透的新领域。

（2）生活服务型

旅游移动电商有利于旅游者实现对周边生活服务的搜索，形成生活信息类网站与旅游者地理位置服务结合的应用模式。这些旅游移动电商的应用正在逐渐渗透到旅游者需求的方方面面，使旅游者需求的满足更加便利与时尚。当前，随着旅游者需求的多样化，景观、社会、环境等要素均成为构建旅游者"体验情景"的产业链元素。旅游产业链演变成旅游相关要素配置完备、能够全面满足旅游者体验需求的综合性系统，是一个能够全面动员（资源）、立足全面创新（产品）、全面满足旅游者需求的全域产业体系。旅游移动电商平台由此为全域旅游产业链的运作提供了有效的客流导入通道。

随着自由行成为新兴、时尚的旅行生活方式，本地化旅游产业要素供给成为满足旅游者需求的关键要素。在景区之外，旅游者能够以"当地人的方式"旅行，融入本地居民的日常休闲活动场所和公共生活空间，获取更为真实的旅游体验。由此，市民消费供给体系在满足居民日益增长和深化的休闲消费需求的同时，为旅游者带来全方位的休闲、旅游体验环境。

（3）地理位置型

与地理位置相关的旅游移动电子商务应用主要包括如下几种模式。

其一，整合型地理位置签到服务。用旅游者地理位置信息同时签到多个地理位置服务的旅游移动电商平台，为之提供针对性的旅游产品或服务。

其二，基于地理位置搜索服务。基于旅游者地理位置实现对周边旅游产品或服务供给元素（如当地娱乐、餐饮等信息）的搜索，为旅游者提供本地化的产品或服务。

其三，基于地理位置即时信息推送。信息推送技术是一种基于客户服务器机制，由服务器主动地将旅游产品或服务信息发往旅游移动电商客户端的技术。基于地理位置向旅游者实时地推送信息主要是指通过探测旅游者位置，及时向其主动发送旅游产品或服务信息，激发和满足其旅游需求。

2. 应用途径

旅游移动电商利用云计算、物联网等新技术，通过移动互联网，借助便携的终端上网设备，主动感知旅游者需求，及时发布和推送旅游资源、旅游经济及旅游活动等方面的信息，让旅游者能够及时了解这些信息，及时安排、规划和调整旅游计划与行程。旅游产业链成为以旅游需求为带动和统领，通过各种资源有机整合、产业深度融合发展和社会共同参与，全面满足旅游者体验需求的供给体系。

（1）地图服务

旅游移动电商基于位置的服务主要包括位置跟踪交通和导航、安全救援、移动广告、相关位置的查询等功能，为旅游者提供导航服务、最佳路径指示、基于位置的信息发布和基于位置的移动黄页等服务，并通过旅游信息服务、地图查询、旅游活动预订（如客房、票务和游程等预订）、旅游语音服务（如电子导游）和旅游娱乐服务对旅游产业链内容和组织形式产生影响。

信息查询是 LBS 的基础应用之一，[①] 与地图相关的信息则是其中最为重要的应用之一。借助旅游移动电商，旅游者可以方便地查询旅游地的最佳游览线路、景点信息，以及周边的宾馆信息、餐馆信息、银行信息、公交信息等，特别是一系列基于位置的信息，会主动通过手机等移动终端推送给旅游者。这一方面主要包括景点、酒店、餐馆、娱乐、车站、活动（地点）、朋友/旅游团友等的位置和信息；另一方面包括景点的级别、主要描述，酒店的星级、价格范围、收费情况、剩余房间数，以及演唱会、体育运动、电影等活动的地点、时间、价格范围等方面的信息。

随着移动互联网的发展，用户的需求不断升级，旅游者希望获取充分的旅游产品或服务相关信息，缩短旅游决策时间。而旅游移动电商则为其提供了"一站式"的解决方案和完整的旅游产品与服务购买、消费体验。[②] 一方面，除了优质的旅游点评、旅游问答、旅游攻略、游记等为旅游者的旅游决策提供参考信息外，旅游者还可以进行酒店、机票、签证、邮轮、租车、保险、当地游等旅游产品和服务的查询与订购，并进行旅游结伴和社交，实现多元化的旅游需求。易观国际发布的《2013 年 LBS 旅游市场用户行为研究报告》显示，中国用户在选择旅游类手机应用类型的时候，大多会选择一个涵盖吃、住、游等全方位信息及服务的应用，而且更愿意选择平台级的、能够提供"一站式"服务的应用。另一方面，手机地图作为出游必备工具之一，是旅游者使用频次最高的工具，定位、搜索、导航、路线查询及行程规划等是其核心功能。手机地图服务通过移动互联网或客户端软件方式，为旅

---

① 易观智库.2013 年 LBS 旅游市场用户行为研究报告 [R].北京：易观国际，2013.

② 蚂蜂窝，中国旅游研究院.全球自由行报告 2015[R].北京：蚂蜂窝旅行网，中国旅游研究院，2015.

游者提供查找自己、好友的位置信息，查询周边信息，规划交通路线等与用户位置相关的服务，呈现出由工具型应用逐渐向平台化过渡，为旅游者提供"一站式"、全方位的旅游产品和服务信息、购买等多种服务的发展趋势。

（2）产业元素整合服务

随着旅游移动电商的快速发展，移动电商旅游产品和服务由机票、酒店预订等逐步扩展到租车、订餐、门票预订等多种服务；移动电商旅游产品类型由简单的自由行旅游产品逐步扩充到高端、复杂的个性化定制旅游产品；越来越多的旅游者通过旅游移动电商来查询、预订和购买旅游产品。尤其是随着"携程""去哪儿""同程""途牛"等旅游移动电商企业的不断壮大，其在旅游产业链中的地位日益提高，逐渐成为旅游产业链体系中的关键主体，在面向满足旅游者个性化需求的旅游产业链构建过程中发挥着主导性的作用。

旅游移动电商以其基于位置的服务、即时通信、身份识别等功能，实现了旅游者旅游行为的"时间—空间—社交"的协同整合，突破了传统旅游行为的时空束缚，推动了现代旅游产业的转型升级和快速发展。旅游移动电商以移动互联网及有关平台为载体，利用网络信息技术运作旅游产品和服务及其分销系统，创新了旅游产业链内容体系，改变了旅游产业链的组织方式，构建了新型旅游产业链运作模式。

从用户出游时使用手机地图查询的信息来看，[①] 餐饮、景区、住宿和交通等信息是旅游者关注的重点，这也是移动电商下旅游产业链的关键组成部分。需要注意的是，在位置信息之外，旅游者更加重视餐厅／酒店的电话、点评、图片等深度信息。这些信息及形成的信息流，不仅为旅游者提供了必要的决策信息，而且成为旅游产业链运作过程中的关键依据。

（3）自由行服务

旅游移动电商为旅游者提供旅游产品和服务导航、预订等信息服务，[②] 有些旅游移动电商平台甚至结合旅游者行程推出航站楼、登机口导航、航班状态、天气预报等辅助性实时信息。

导航与基于位置的服务密不可分。除了为自由行旅游者提供基本的路线导航外，旅游移动电商还为旅游者提供更多个性化的增值服务，比如为旅游者提供实时位置显示、实时语音导游、景区（点）拥挤情况、特色旅游资源和项目等。

---

① 易观智库 .2013 年 LBS 旅游市场用户行为研究报告 [R]. 北京：易观国际，2013.
② 同上。

在旅行过程中，旅游移动电商针对交通工具的选择，为旅游者提供基于位置的打车及租车服务，使旅游者能够及时地获取周边空载的出租车信息，为旅游者的交通提供便利性支持。自由行旅游者依托旅游移动电商，得以顺利完成旅游行程，满足自身旅游需求。

（4）实时分享服务

社交是旅游者日常生活中的重要组成部分，也成为旅游移动电商应用平台的关键功能之一。随着社交媒体和旅游移动电商的结合，利用手机等移动终端设备实时、实地与其他旅游者进行互动交流和社交分享逐渐贯穿旅游者整个旅游行程。在旅游行程开始前，旅游者通过移动社交应用交流旅游行程计划，或者发起旅游活动、自行组团出行等。在旅游行程中，旅游者则通过移动电商平台的社交功能及时分享旅途中经历的风景、娱乐、餐饮等体验，并通过"签到"功能分享自己的位置及旅游轨迹。

（三）基于社交分享的影响途径

当前，旅游产业发展与移动电商实现了深度的融合，旅游目的地声誉、旅游者意见、旅游产品和服务信息传播及口碑宣传等对移动电商及有关社交平台产生了越来越强的依赖性，诠释社交媒体对旅游产业发展的作用逐渐成为旅游现代性研究的主要内容之一。一方面，旅游社交媒体包括旅游社交网站、用户评论网站、协作式写作网点、社交论坛和区域性社交媒体等类型。这些多元化的社交平台通过与移动设备和网络通信技术相结合进行社交互动，以及文字、图片、视频和音频等结构性文件的分享，逐渐发展成为新兴的旅游社交方式，使旅游者生成内容的创作、交换和分享得以有效地实现。另一方面，社交媒体为旅游运营商提供了与旅游者广泛交流建立在线友谊、定制化服务、激发旅游者购买欲望的平台。

1. 旅游社交

旅游移动电商背景下，旅游产业链内容、形态及运作具有较强的社交化、共享性特点。当前，旅游者对旅游移动社交平台的依赖性越来越强，社区化、社交化逐渐成为旅游者使用旅游移动电子商务的特征性行为。作为由旅游兴趣、爱好、目的相近的旅游者通过旅游移动电商形成的社区，主要有异步社区和同步社区两种形式。前者多依托相对固定的电脑端，旅游信息的发布和回复可以在不同的时间，即不同旅游者之间的信息互动有一定的时间差；后者则主要通过旅游移动电商等平台实现了旅游信息的实时互动。

2. 社交分享

旅游移动社交分享给旅游者提供了更多的旅游产品和服务选择，通过激活各种潜在旅游产业要素，有助于为旅游者打造更丰满的旅游行程、丰富旅游者旅游体验。借助旅游移动电商，旅游者降低了其出行前的信息和行程安排努力，这也满足了其个性化、自由化的旅游需求。在旅游行程中，旅游者可以根据当地的旅游产业供给情况，通过旅游移动电商的有关社交平台，随时对机票、酒店、景点门票等进行信息查询和预订；通过手机等移动终端，随时进行相关文字、图片、体验等的分享，并对酒店、景点等旅游产品和服务进行即时的点评，为其他旅游者提供必要的决策借鉴。

3. 攻略社交

就旅游社交化而言，旅游移动电商的好友机制、分享机制和传播机制实现了旅游者直接交互内容的多元化。以此为基础，旅游产业链供给主体需要基于旅游移动电商等平台，充分挖掘旅游者基于群体性社交展现出来的旅游需求，在"线上"以精准推荐的方式为旅游者提供必要的旅游产业链供给信息，在"线下"通过完善和创新旅游产业链供给要素，满足旅游者多方面的需求，进一步通过"线上""线下"互动增强旅游移动电商对旅游者的黏性。从本质上来说，旅游移动电商的社交分享机制促进了从旅游者的旅游共享和分享内容到旅游产业链内容和机制的酝酿、培育和创新。旅游者通过旅游移动电商社交平台对景区、住宿等旅游产品和服务进行评价，实时分享旅游体验及有关影像资料，发布完整旅程信息及游记攻略等内容，为其他旅游者提供优质、有用的旅游行程攻略及个性化的旅游行程规划信息。这不仅在更多维的层面上推进了旅游者与旅游产品或服务的场景整合和转化，而且让旅游者实现了更便捷、轻松的旅行，形成特定旅游产品或服务场景整合式旅游产业链供给体系，进一步激发了旅游产业的发展潜力和潜能。

第二节　移动电商在旅游产业链中的应用

旅游活动的异地性、移动性和综合性等特点契合了移动电商的基本特征。随着移动电商技术在旅游产业中日益获得广泛应用，人们对旅游移动电商的具体应用领域进行了研究。

一、旅游移动电商的应用环节

旅游移动电商应用领域涉及移动信息服务、移动预订服务、基于位置的服务、移动支付、移动互联网服务、移动客户关系管理及移动商务整合应用等诸多方面。

（一）旅游前的移动电商应用方式

1. 移动信息

旅游移动电商能够在旅游者移动过程中，不间断提供与旅游活动有关的任何信息。从做出旅游决策到旅游活动完成的整个过程中，旅游者都需要不断地进行信息的搜寻，以消除旅游活动中存在的信息不对称问题，减少旅游风险。移动信息服务的范围主要有景区信息、餐饮信息、住宿信息、旅游攻略、交通信息等几个方面。移动信息服务与游客旅游活动高度契合，服务更具个性化。

手机等移动终端的便携性使旅游者能够随时随地获取与景区、住宿、餐饮、娱乐、生活、商务相关的信息，并进行查找周边位置、支付等操作。移动信息服务在旅游业的应用，一方面体现在旅游者在旅游前和旅游活动过程中通过移动设备对相关信息的定制、查询和预订，其中，景点、餐饮、住宿、特产、娱乐等多元化移动信息的个性化和相关性，是旅游者在移动电商使用过程中关注的重要方面；另一方面体现在旅游服务机构借助移动互联网平台，通过移动设备进行旅游产品或服务信息发布。旅游者在旅游过程中可以将自己拍摄、创作的图文声像及旅游体验等，通过旅游移动电商及时进行上传、发布、分享等。此外，在旅游过程中一些较为枯燥的时段，旅游者借助旅游移动电商既可以收发邮件并处理一些工作事务，也可以下载游戏、音视频等，进一步丰富旅游行程中的内容和体验。

2. 移动预订

随着中国网民尤其是手机网民数量的增多，移动预订是大势所趋，以旅游移动电商为核心的新旅游消费业务模式逐渐成为主流。旅游移动电商结合用户的位置信息，满足旅游者实时查询机票、酒店并获取周边景区、餐饮、购物等生活信息的需求，形成了全新的旅游产业链发展模式。

旅游移动电商整合了旅游景区、酒店、餐饮等资源信息，使旅游者通过移动设备随时进行景区票务、客房、餐饮和游程的预订及变更等。这一方面包括在旅游之前，旅游者通过旅游移动电商，对酒店、餐饮、交通等产品和服务进行更加方便和快捷的预订。旅游移动电商平台整合景区、交通、票务、酒店住宿、餐饮等信息，与有关数据库查询关联和预订实现有效对接，使旅游者能够有效地快速检索、预订并完成支付。另一方面包括在旅游过程中，旅游者根据具体旅游场景和自身需要的变化对预订进行撤销、变更和重新预订等。尤其是旅游移动电商可以充分发挥信息传递的迅速有效性，根据旅游线路所涉及的临时变动，随时随地为旅游者提供新的备选方案，及时变更订单。

（二）旅游中的移动电商应用方式

1. 基于位置的服务

基于位置的服务（LBS），是通过电信移动运营商的无线电通信网络（如 GSM 网、CDMA 网）或外部定位方式（如 GPS）获取移动终端用户的位置信息，在地理信息系统（GIS）平台的支持下，为用户提供相应服务的一种增值业务。也就是说，LBS 借助互联网或无线网络，结合互联网地图，确定移动设备或用户所在的地理位置，提供与位置相关的各类信息服务。

旅游移动电商基于位置的服务，利用地理位置信息和无线移动设备，为旅游者提供定位导航、路径追踪、移动医疗和移动救援等服务。目前，越来越多的旅游者青睐于自助旅游的形式。相对于跟团游而言，自助游增加了旅游者活动轨迹和方式的多样性、随意性和个体性。因此，通过旅游者的位置信息来针对性地提供个性化服务，也是旅游者对旅游移动电商日趋依赖的重要功能。此外，基于位置的服务能够解决旅游活动中始终存在的安全问题，即通过定位服务能够及时获取旅游者的位置信息，通过信息预警可以避免灾难事故的发生，同时在紧急情况下为安全救援工作提供更多的便利。

旅游者在旅游过程中处于不断的位移之中。在定位技术和通信技术发展的双重推动下，移动电商基于位置的服务在旅游中逐渐获得了广泛的应用，主要包括基于位置的信息查询服务、位置跟踪服务、交通和导航服务、安全救援服务、移动广告服务、移动导游服务等。在旅游移动电商平台上登记的商家、景区、美食、演出、娱乐、民宿、探险等旅游资源信息，结合电子地图信息，借助有关 LBS 终端软件产品或 App 提供给旅游者使用。借助 LBS，旅游移动电商平台不但可以利用 GPS 功能进行用户位置定位、既定目标位置导航，还可以随时随地搜索某一地理范围内（或用户自身附近）未知的商家、景区的详细信息，通过数据库系统查询票务、座位、空房等信息，及时推送给旅游者，并实现即时预订并支付。

此外，基于 LBS 的旅游社交平台还能够满足旅游者约伴、搭车、求助、共享等社交需求，改变众多旅游者，尤其是自主旅游者的旅行方式，促进国内旅游服务业向个人旅游形态的转型和升级。

2. 移动社交

旅游者的足迹是碎片化的，而手机等终端的移动属性适合旅游者进行碎片化记录，使其可以随时随地拍下见闻、描述和分享旅游感受。当这些碎片被以各种维度和方式组织起来，就构成了完整的旅途记录。借助旅游移动电商，碎片化的信息被非常自由地组合在一起，并灵活快速地进行传播，尤其是移动电商与社交网络相结合，通过熟人网络与兴趣圈子等多种自媒体进行信息传播，大大提高了旅游内容的分享频率和用户的活跃度。

旅游社交化日益成为旅游者旅游决策过程中的关键诉求和依据。随着旅游移动电商的快速发展，旅游者逐渐习惯了手机预订，要求随时随地可以实现查询和预订。年轻的一代旅游者已经对传统营销方式产生了厌烦情绪，其对移动互联网的深度依赖使其旅游决策更多依赖其他旅游者的评论和分享，并倾向于在虚拟社交中积极分享，寻求认同和安慰。旅游移动电商为旅游者提供了真实可信又具备高品位的平台，满足了旅游者分享互动的个性化需求，使其能实时地浏览和获取他人的旅游信息，分享旅游经验，回忆旅行中的美好点滴，提高了用户黏性。移动旅游电商的传播特点让点评和分享在社交媒体中实现了更加快速的传播，大大增强了口碑的力量。旅游者在 QQ、朋友圈、微博、人人等移动社交平台关于旅游产品或服务信息的分享传播，帮助旅游企业实现了低成本营销，对其他旅游者的旅游需求决策产生了重要的影响，并通过爆款、特价、秒杀、拼团、众筹等形式获得了优质、优惠的高性价比产品。

旅游者的亲身体验对于其他旅游者选择何种旅游产品和服务、如何安排自己的旅游行程等旅游决策具有较大的参考价值。旅游移动电商平台引导旅游者针对旅行中的各个环节（如酒店、景点、餐厅、美食、娱乐等）分享他们真实的旅游体验，为旅游者提供对有关旅游产品和服务进行点评和评价的平台，并通过结构化平台、高效的检索方式，将这些信息呈现给其他旅游者。此外，移动电商还可以通过"格式化"的攻略撰写工具，使旅游者梳理自己的旅途游记，并融入旅途心情、照片、美食推荐、住宿指南、交通费用、购物开销、商家和服务点评等信息，轻松形成全方位、立体化的旅游攻略，汇聚成最真实、最实用的目的地旅游指南，为其他旅游者的旅游需求决策提供了有效的参考依据。当旅游者选定旅行目的地后，这些信息将帮助他们制订详细而高效的旅游计划，如选择哪家酒店、如何在有限时间内游览整个城市等。

旅游移动电商的社交工具和途径提高了旅游者点评的真实性与参考性，为旅游者带来更多的选择。旅游移动电商平台旅游攻略中的签证、交通、住宿、餐饮、娱乐等模块内容均由旅游者创造。旅游者通过个人主页、游记、点评、结伴出游、攻略纠错等功能完成信息流的循环与更新，在交互中轻松完成旅行决策，激活了潜在的旅游产业要素，使旅游产业的内容和发展模式更加具有弹性。

3. 移动支付

移动支付主要指旅游者通过移动电子设备以在线交易的形式支付旅游产品或服务的费用。随着手机的普及，用户数量迅猛增加，移动支付服务也快速发展起来。移动支付避免了对游客消费时间和空间的限制，特别是当旅游者临时做出消费决策的时候（如更换预订的酒店、交通票务的改签等），不需要到某一个固定的受理地点办理，只需要通过移动电子设备即可随时解决问题。

使用移动终端在线为产品实现支付已经成为众多旅游者的旅游习惯。中国旅游者不仅有较高的移动支付意愿，而且可接受价格范围普遍较高。当前，移动支付在安全性和易用性方面得到了旅游者的广泛认同，旅游者在移动端购买旅游产品呈现出"接受度高、价格承受度高和使用黏性高"等"三高"的特点。随着旅游移动电商的快速发展，移动电商交易规模将进一步实现快速增长，成为带动旅游产业链发展的主要力量。

旅游移动商务平台的支付功能为旅游者的观光旅游、生活消费提供了快速、安全、便捷的支付手段，为旅游者提供了更加便捷的支付体验和更为丰富的应用。旅游移动电商接入移动支付，将旅游信息、预订与交易等功能整合，有效地满足旅游者安全、高效、快捷的支付需求，也为旅游产业链的跨行业扩展与叠加发挥了更大的促进作用。旅游者不仅可以在旅游预订服务上进行移动支付，还可以在景区的餐饮、纪念品购买、娱乐服务、其他增值服务等环节进行移动支付。尤其是在旅游过程中，旅游者经常会面临多笔小额支付，对于习惯采用银行卡、电子货币等进行购买的年轻旅游者而言，通过短信、WAP 客户端等多种形式，利用电信账户、支付宝、银行卡等多种支付账户实现移动小额支付为其旅游产品和服务的购买提供了极大的方便。此外，移动支付提高了旅游业务的收费标准化进程、价格监督进程，降低了因服务不规范而产生的交易风险，为旅游者以合理的价格购买旅游产品或服务提供了有力保障，同时，移动支付的防伪性也大大降低了因携带现金而发生的偷盗损失。

旅游移动端 App 接入移动支付，打造了旅游者移动旅游的新体验。旅游移动电商平台通过大数据、云计算等手段，借助由旅游移动电商和移动金融共同构成的交易支付平台，使旅游支付克服传统柜面交易在地理位置和营业时间上的限制，让旅游者在更广阔的时空里获取更好的旅游体验。旅游移动电商通过完善其移动支付体系的安全性、便捷性和可操作性，降低移动旅行用户的支付使用门槛，同时借助旅游移动支付，提升旅游者全程闭环式支付体验。

此外，个性化、特色化的移动支付方式的推广和应用，不仅带来旅游者消费体验提升和福利的改善，而且推动整个旅游产业业态的丰富和多元化发展。旅游移动支付实现了旅游业、金融业、通信业等多个产业的跨界合作和数据共享，通过"金融、平台、数据"的作用，影响和改变了旅游者的出游行为和旅游产业链内容。尤其是银联等金融服务平台倡导商圈共享，将"共享商圈"等相关产业元素融入旅游需求中，提高了旅游者的服务内容的丰富度，也促进了多元化产业要素在旅游产业中的融合。

旅游移动支付催生了"互联网＋旅游＋金融"的产业格局的形成。中国移动互联网旅游金融产品消费用户与休闲旅游产品消费用户重合度较高，尤其是经济发达地区的旅游者对移动互联网旅游金融产品有着较高的接受度。旅游金融已经嵌入旅游移动电商下旅游产业链的各个交易环节，成为旅游产业链体系中重要的一环。在旅游移动电商、垂直分期旅游平台、互联网金融公司、银行等众多旅游产业链相关企业的推动下，旅游产业各细分领域会不断创新并推出新的旅游产品和服务，催生了移动互联网旅游金融等产业细分领域，为旅游者提供了专业化的服务。

4. 移动旅游救援

移动旅游救援是指在旅游的过程中，旅游者位置移动的特性明显，运用移动定位技术，通过事故前安全宣传、警情预告，事故中定位搜救、传送急救知识、组织安全救援等服务，最有效率地进行救援资源的有效配置，实现快速有效地施救，保障出行人员的人身和财产的安全。移动旅游救援主要包括：出行前对旅游者进行安全知识宣讲，使旅游者提高安全防范意识；对可能发生的旅游事故进行提前预警，对旅游者的地理位置和状态进行实时监控；在事故发生之后，对旅游者的具体地理位置进行准确定位，及时对事故进行报警，做好进一步的善后处理工作，提升移动旅游救援的效率。

（三）旅游后的移动电商应用方式

1. 移动客户关系管理

旅游移动电商客户关系管理主要包括收集旅游者信息、与旅游者及时沟通、针对性营销等方面，是在使用手机等移动终端的基础上，实现旅游产品与服务供给和需求信息传递的实时性、有效性，在尽可能满足旅游者随时、随地旅游需求的同时，最大限度地提高旅游者对旅游产品或服务质量的主观评价，控制旅游产业链运作的市场风险，提升旅游产业链的运作质量。

旅游移动电商凸显了旅游者的地位。旅游移动电商不仅可以方便地收集旅游者信息，而且可以在旅游过程中与旅游者及时沟通，根据旅游者的生日、兴趣、偏好和购买习惯等及时地为其推送、推荐有关旅游产品和信息，在维护客户关系的同时进行更有针对性的营销，提升旅游者的满意度。早在2004年下半年，欧洲旅游市场全面开放之际，康辉国际旅行社就与亿美软通及上海九橙通信网合作，通过旅游移动电商的全面应用来管理大量旅游者信息、员工和渠道资料，实现了与旅游者及时、迅速地沟通，提高了旅行社的竞争力。[①]

当前，移动电商已经成为旅游企业进行营销活动的主力平台，利用移动电商平台的信息可以对旅游者进行精准定位。这一定位不仅包括位置定位，还包括需求定位。旅游移动电商不仅可以随时随地在旅游者需要的时候及时送达营销活动信息，还可以实现旅游产业和服务提供者与旅游者之间的互动，从而为其提供个性化的旅游产品和服务。

2. 移动旅游监督评价

在旅游移动电商下，旅游产业逐渐实现了业务融合、个性服务和跨界

---

① 曹武，郭零兵. 短信在旅游移动电子商务中的应用 [J]. 中国电子商务，2004（6）：55-56.

发展；旅游者旅游需求的发展和旅游产业的供给更加便捷、更具个性，并带来市场创新、模式创新和对旅游业生态的颠覆。这一方面提高了监管难度。旅游移动电商带来的旅游产业链生态圈创新的加速和业务平台的开放化，使旅游产业链内容涵盖了更多良莠不齐的产业链内容，导致监管变得更为复杂。在旅游移动电商下，众多新兴旅游产品的应用和自由开发，给原有的旅游传统业务分类和以市场准入为主要手段的监管模式带来了巨大的挑战。另一方面，个性服务带来了旅游管理盲点。管理和法规具有天然的滞后性。现有的旅游监管体系尚没有覆盖到旅游移动电商下新生的旅游产品和服务形态，缺乏针对旅游移动电商的创新性旅游产品，尤其是对个性旅游产业和服务产品的有效管控。此外，为传统旅游产业链条解构带来了挑战。旅游移动电商使旅游产业要素的范畴呈现出随旅游者需求变化的动态性特征，而旅游产业链要素组合方式的变化也带来了旅游产业运作机制的深刻变化。

旅游行业监管需要跳出传统的监管思维，对旅游移动电商下的旅游业务创新进行主动适应和调整。旅游移动电商平台应和政府监管部门建立有效的信息互动，打造"移动互联网＋旅游市场监管"新模式，建立监管信息搜集和反馈机制，有效地辅助政府的监管职能。在针对旅游产品或服务质量的反馈系统上，一方面，旅游者可以借助旅游移动电商平台及时提交景区资源、行程路线、旅游服务的质量反馈及评分体系，提出改良建议；另一方面，旅游者可以随时获取有关旅游产品或服务提供者的移动旅游监督评价信息，查看吃、住、行、游、娱、购旅游市场主体的地理位置、综合信用等级、许可证、荣誉等信息，并据此做出消费决策，通过旅游者的市场选择实现旅游产品或服务提供者的优胜劣汰，优化旅游产业供给，推动旅游产业的健康发展。

二、旅游移动电商的应用类型

相对于传统电商，基于移动互联网的旅游移动电商凭借移动性和终端的多样性，形成了随时、随地提供个性化旅游产品和服务的能力，允许旅游者访问移动网络覆盖范围内任何地方的服务，并以其特有的移动支付和基于位置的服务大大扩展了传统电商的服务能力和服务范畴。

（一）以旅游者为中心的应用类型

该类型的旅游移动电商主要采用"平台＋服务"的商业模式，为旅游企业与旅游者提供一个旅游产品或服务交易的技术平台。一方面，旅游移动电商平台为旅游者提供功能完备、内容丰富、灵活方便的旅游产品或服务信息查询、比较的交易平台和机制，满足其日益快速发展的旅游需求。另一方面，旅游移动电商平台通过分析旅游企业和旅游者需求信息，为旅游企业运营提供多样化的整体解决方案，并通过网络推广、广告等不同手段，吸引更多的旅游产品或服务提供商加盟，为旅游者提供个性化的服务和多元化的选择。

1. 市场交易类

在这类旅游移动电商中，旅游企业可通过旅游移动电商直接向用户提供个性化和本地化的旅游信息、产品和交易服务。从服务功能来看，这类旅游移动电商的功能可以概括为以下三类。

一是旅游信息的汇集、传播、检索和导航。这些信息内容涉及景点、饭店、交通旅游线路等方面的介绍，旅游常识，旅游注意事项，旅游新闻，货币兑换，旅游目的地天气、环境、人文等信息，以及旅游观感等。

二是旅游产品或服务的在线销售。这类旅游移动电商平台提供旅游及其相关的产品或服务的各种优惠、折扣，以及航空、饭店、游船、汽车租赁服务的检索和预订等。

三是个性化定制服务。借助旅游移动电商，旅游者可以实现网上订车票、预订酒店、查阅电子地图等，完成以自订行程、自助价格为主要特征的旅游行为。

从交易模式来看，这类旅游移动电商具有如下两种交易模式。

一是 B2C 交易模式，即旅游移动电商零售模式。旅游者先通过旅游移动电商获取旅游目的地产品和服务信息，借助旅游移动电商自主设计旅游行程，预订景区（点）门票、餐饮、旅游饭店客房、车船机票等，或报名参加旅行团。另外，B2C 模式还包括旅游企业对旅游者拍卖旅游产品、提供中介服务等。对旅游业这样一个旅游者高度地域分散的行业来说，旅游移动电商 B2C 交易克服了距离带来的信息不对称，方便旅游者远程搜寻、预订旅游产品，逐渐成为当今世界应用最为广泛的电商模式之一。

二是 C2B 交易模式。这种交易模式主要借助旅游移动电商的中间商功能得以实现，即旅游移动电商提供虚拟开放的信息交互平台，而旅游者直接发布需求信息，等旅游企业查询后，双方通过交流自愿达成交易。旅游移动电商 C2B 是一种以旅游者为主导的交易模式，体现了旅游者在市场交易中的主体地位，有利于旅游产业链上的供给主体更加准确和及时地了解旅游者的需求，促进了旅游产业链的产品丰富度和个性化趋势的发展。

旅游移动电商信息系统具有强大的交互功能。旅游移动电商C2B交易模式表现出明显的信息沟通面广和成本低廉的特点，特别是网上成团的运作模式，使传统条件下难以兼得的个性旅游需求满足与规模化组团降低成本有了很好的结合点。

2. 社交应用类

社交网络服务是以现实社会关系为基础，在网络虚拟环境中模拟或重建现实社会的人际关系网络。移动社交应用类旅游移动电商是在此基础上发展起来的一种基于移动互联网的旅游社交平台，也可以将其称为旅游移动社区服务。

移动社交应用有效地结合了社交网络的特点和旅游移动电商移动化、个性化的特点，能为旅游者提供跨越不同平台的全新旅游社交体验。使用移动社交网络服务，旅游者可以通过实时的沟通，实现个人数据处理、社会关系管理、旅游攻略共享、旅游信息分享。

（1）社区攻略。随着自助游和自由行的兴起，旅游攻略成为出行必备。随着移动互联网和自助游的快速发展，旅游者在线分享旅游经历的意愿越来越强，互相沟通交流旅游心得的需求也越来越旺盛。当前，众包形式的UGC攻略内容日益丰富，旅游移动电商旅游攻略社区功能日渐完善，"蚂蜂窝""穷游""携程"等旅游移动电商中的攻略社区成为旅游者分享和查找攻略的主要渠道。在此基础上，旅游移动电商攻略社区商业模式逐渐成型，根据海量信息抽离标准POI，接入自由行等资源，激活了旅游产业链资源，帮助旅游者完成旅游决策，提升了旅游者的满意度。

（2）运作模式。中国旅游社区攻略参与者主要分为两类：一类为垂直旅游移动电商企业，如"蚂蜂窝""穷游""淘在路上社区"等；另一类为综合旅游移动电商企业的攻略社区频道，如"携程攻略""去哪儿攻略"等。

3. 情景应用类

情景应用是指通过具体的旅游情景感知提示，结合旅游者的特征偏好，触发、发现旅游者的需求，为旅游者提供相应的旅游产品和服务信息及预订渠道。这类旅游移动电商主要是基于旅游者搜寻和旅游习惯信息与具体情景感知为旅游者提供服务。首先，通过分析旅游者所处的当前位置、时间和需求，分析和预测旅游者未来的可能位置和需求；其次，结合数据基础和推理机制，分析旅游者可能的需求意愿；最后，为旅游者提供有针对性的即时旅游产品或服务信息，并通过有效的商务机制帮助其进行信息的查询、比较，完成旅游产品和服务的预订、支付，结合线下具体旅游产业链供给主体提供的实体性旅游产品和服务满足其旅游需求。

（二）以旅游产品或服务提供者（企业）为中心的应用类型

该类型的旅游移动电商以旅游产品和服务提供者为核心，主要通过旅游企业提供"产品＋服务"的商业模式运营。旅游产品和服务提供者是旅游移动电商中旅游产品和服务交易的创造者和传播者，是为旅游移动电商提供产品和服务的具体执行者，是实现旅游移动电商商业价值的推动者。这种类型的旅游移动电商主要采用 B2B 模式，又可分为公共独立平台交易模式、行业性平台交易模式和企业专用平台模式等具体类型。

一是公共独立平台交易模式。这是非特定企业间的旅游移动电商平台，旅游产业链上的相关企业在开放的旅游移动电商平台上，为旅游产品和服务交易寻找最佳的旅游产业链合作伙伴。

二是行业性平台交易模式。这主要是专业旅游移动电商平台提供的同行业交易平台，这些行业性交易平台提供了各类旅游企业之间查询、报价、询价直至交易的虚拟市场空间。类似"旅游百事通""宝中旅游""海航乐游""八爪鱼""云驴通"等 B2B 同业采购分销平台，为旅游批发商（地接社）和分销商（组团社）提供在线交易的电子商务平台，涵盖线路产品的团期、预订、在线支付、加返、结算等功能。

三是企业专用平台模式。这是特定企业之间的旅游移动电商平台，旅游产业链上的特定旅游供给主体为了共同经济利益，共同进行设计、开发或全面进行市场和存量管理的旅游移动电商平台。作为旅游业内的机票分销系统，航空公司的计算机预订系统（CRS）连接航空公司与机票代理商（如航空售票处、旅行社、旅游饭店等），实现了机票存量、优惠等信息的在线实时链接，大大提高了旅游企业间的信息共享和对接效率，提高了整个旅游产业链的运作效率。

（三）以环境保障为中心的应用类型

该类型的旅游移动电商对线上旅游移动商务活动起着支持和保障作用，是旅游移动电商和旅游产业链运作中不可或缺的重要环节。该类旅游移动电商主要对旅游者提供信息、保障等服务性产品，而不是直接的旅游产品或服务，主要有如下五种形式。

一是政府背景类旅游移动电子政务。政府人员借此实现远程登录、移动办公，而旅游者可以实现政务网站的随时访问，及时获取有关重大事件、突发事故等信息，重新规划和设计旅游行程。

二是地方性旅游网站。例如，金陵旅游专线、西华光旅游网等，以本地风光或本地旅游商务为主要内容。旅游者借助移动终端可以实时进行本地化旅游产品和服务信息的搜寻，或对本地化旅游产品和服务的质量进行反馈，以规范和提升旅游产业链的运营质量。

三是旅游信息网站。这些网站为旅游者提供大量丰富的、专业性旅游信息资源，以及少量的旅游预订中介服务，为旅游者的旅游决策和行程规划提供了必要的信息补充。

四是 ICP 门户网站。这些网站几乎都不同程度地涉及旅游内容，如新浪网生活空间的旅游频道、搜狐和网易的旅游栏目、中华网的旅游网站等。

五是安全认证业务。该业务对旅游移动电商活动起着支持作用，是旅游移动电商中的核心保障环节，确保了旅游者网上传递信息的保密性、完整性，以及网络交易的信息安全，保证了旅游移动电商交易中的信任关系，促进了旅游移动电商交易的顺利进行。

第三节　基于移动电商的旅游产业链重构

随着旅游移动电商对旅游业影响的不断深入，旅游移动电商对旅游产业链的再造已成为不争的事实。笔者从多个角度分析了旅游电商或旅游移动电商对旅游产业链的影响，深入研究了旅游产业链的价值整合模式，探索了信息技术发展及其影响造成的旅游者行为模式的转变。

一、突出旅游者的核心地位

"携程""去哪儿""蚂蜂窝"等与传统的旅行社一道，共同为旅游者提供旅游前决策所需要的海量信息，帮助其实现旅游需求。移动电商对旅游产业链的影响主要有以下几方面。

第一，移动电商的应用提高了旅游产业链主体的旅游产品和服务创新与运营效率。旅游产业链有关主体可以利用旅游移动电商有效地获得和整合更丰富的旅游产业和服务元素，更为便利和广泛地创新旅游产品或服务。

第二，旅游移动电商使旅游产品和服务脱离了"时空"限制，及时快速地与旅游者进行沟通，发现旅游者需求，更为自由地拓展市场空间。

第三，在旅游移动电商下，旅游产业链呈现典型的"网状"结构模式，旅游产业链中各主体之间及其与旅游者之间的信息交流变为"多向互动"，有效地平衡和解决了旅游者个性化需求与旅游产业链运作规模经济之间的内在冲突和矛盾。

第四，在旅游移动电商下，旅游产业链内容及运作机制具有更好的灵活性。旅游产业链供给主体不再局限于传统的"吃、住、行、游、购、娱"六要素，旅游产业链供给主体之间及其与旅游者之间不再是固定式的顺序性链接，而是实现了旅游产业链中主体之间的交叉联系和跨环节合作。旅游产品和服务提供者围绕旅游者需求，依托旅游移动电商，在广泛的选择机会中进行有效的旅游资源优化整合，从而创造出多样化的旅游产业链要素供给和组合模式，使旅游产业链发挥最大的效能，实现了最大化的增值。

从产业流程视角来看，旅游移动电商下的旅游产业链缩短了旅游产业链元素提供者与旅游者之间的距离，旅游者及其需求成为旅游产业链的重心。旅游移动电商下的旅游产业链逐渐演变为以"旅游者"为核心的自组织系统，引发了整个旅游产业链系统的结构更新与运行机制的再塑造。

在旅游移动电商下，旅游产业链拥有有效响应旅游者需求的具体过程和机制。传统旅游产业链多着眼于经济利益上的追求，忽视了旅游者的需求和合作价值，使得旅游者处于旅游产业链的末端环节，是旅游产品和服务价值的接受者。随着科技的进步，特别是移动通信、互联网及其终端设备的更新换代，旅游目的地、旅游供应商、旅游代理商与旅游者之间的信息不对称性越来越低，降低了旅游者对旅游产品和服务、旅游目的地等信息的获取成本，改变了对导游、领队等专业人员服务的获取和使用方式，以及改变了旅游产业链结构，创新了旅游产业链运作方式。

二、破解旅游产业链问题

导游服务是中国旅游产品和服务质量中最为敏感的部分，其中"零负团费"及与之相应的导游薪酬制度所导致的导游职业困境，一直是中国旅游产业发展中不得不解决的"疾"。那么，如何能够有效地化解这个难题，寻求旅游产业链的创新发展之路呢？在旅游移动电商迅速融入人们生产、生活实践的情况下，如何运用"互联网＋"思维，以移动互联网技术为基础，依靠新的商业运营模式，有效地破解导游职业发展的难题，是创新导游体制和旅游产业链运作模式所面临的首要问题。

目前，中国导游管理体制基本可概括为"由旅游局控制进入、由旅行社控制行业需求、以社会导游管理体系为补充"的一种混合管理模式。正是这种模式造成了导游"以回扣为主、工资为辅、没有社会保障"的薪酬制度体系，其薪酬与服务质量之间出现了错位和脱节，扭曲了导游激励机制，使导游将工作重心转移到自费景点和购物上，淡化了导游的服务质量意识。如何刺激导游追求稳定的职业发展、提升服务质量成为中国导游发展的关键问题。

化解导游面临的困境及其与旅行社间的冲突和矛盾，需要根据当前中国旅游需求和产业发展的现状，创新导游管理和运作模式，构造有效的政策保障体系，为旅游业的健康发展提供人才和服务保障。当前，随着互联网的飞速发展，旅游者的旅游行为模式发生了转变，传统旅行社在化解旅游者信息不对称方面的功能出现了弱化，旅游者与旅行社之间的关系发生了改变。借助旅游移动电商，用创新思维去设计新型的多元化、个性化的导游服务运作模式，对导游业务进行全面整合、流程再造，重塑旅行社、导游、旅游者之间的关系，可以打造有效的导游管理体系，形成有效的导游薪酬激励体系和职业成长路径。通过与之相应的政策体系保障导游运作新模式的运行，激励导游有能力、有动力提供高质量的旅游服务。

三、重构与创新旅游产业链

（一）基于移动电商导游平台的利益链重构

随着互联网的普及，在信息不对称条件下以新景点、新线路吸引旅游者，从而获取佣金的传统旅游商业运作模式已经发生了根本变化。旅游移动电商与导游业务的结合，一方面将重构导游与旅行社之间的关系，使导游逐步从传统的利益链末端走向前端，直接面对旅游者的咨询和定制，体现导游专业化程度；另一方面将有效地集聚庞大的导游资源，在旅游者与导游之间搭建有效的信息交互平台，给旅游者提供质量更高的、精准化和定制化的导游服务。此外，借助旅游者评价等建立信用体系和导游服务质量评价体系，促使导游提供优质服务，打造导游的职业成长空间，形成与导游服务水平相对应的薪酬体系。

具体来说，基于旅游移动电商的导游平台集导游信息的制作、发布、评价于一体，是联结旅游者、旅行社和导游的旅游体验交易平台。对导游来说，旅游移动电商导游平台提供海量导游信息的存储和制作，形成云端—终端的服务模式，为旅游者提供丰富、便捷的导游信息。对于旅游者来说，通过旅游移动电商导游平台可以获取导游信息，雇用导游为其提供旅游服务；借助导游平台的评价功能，旅游者可以从使用者角度对导游服务进行评价。根据旅游者评价对导游进行分级，提供与之相应的薪酬体系和标准，形成与服务质量相应的导游薪酬体系，打通导游职业、收入上升的通道。鉴于旅行社拥有强大的地接优势和服务能力，旅行社既可以通过旅游移动电商导游平台获取优质的社会导游信息，也可以通过与导游合作，为旅游者提供系统化的旅游服务。

借助移动互联网、信息技术和线下服务能力，旅游移动电商导游平台集旅游者、导游、旅行社等需求于一体，进一步作为联系和交易担保平台，形成统一的导游服务和使用体系，并通过导游沙龙、职业生涯规划、相关业务培训和指导等诸多方式维护导游合法利益，打造中国旅游行业组织管理体系的重要组成部分。

（二）基于移动电商的导游平台模式创新

基于旅游移动电商的导游平台，可以通过恰当的制度安排，重构导游在旅游产业链中的位置，化解当前导游面临的系列问题，形成完整、有效的导游生态链，构建有利于导游职业健康发展的商业模式和有效机制。

其一，借助旅游移动电商导游平台，导游成为旅游服务供给的核心，降低导游对旅行社的过度依赖。导游与旅行社及旅游者的关系得以重构，其负责旅游者的一切事务，并通过服务质量的提升获得独立的职业发展空间和上升通道。

其二，旅游移动电商导游平台着眼于建立健康的导游监督管理机制，通过"管理、服务、评价"分离实现导游行业的长远发展，即政府部门或行业协会提供导游的资格管理，导游提供线下服务，旅行社或旅游者通过导游平台实现导游的聘用、评价。根据管理部门和旅游者评价，建立符合导游服务质量的分级体系，设立与之相应的薪酬水平，调动导游为旅游者提供高质量服务的积极性，形成导游职业发展的良性循环机制。

其三，借助旅游移动电商导游平台，建立统一的导游服务第三方信息披露机制，构建旅游者的维权新通道，加大对导游服务质量的监督，使旅游者真正成为导游服务中的主体。旅游移动电商导游平台将旅行社、旅游者对导游的事后评价和导游的考核相联系，实现旅行社和旅游者的评价与导游的等级考核评定挂钩，使导游自觉提高服务质量和专业化水平。

四、构建公共服务平台

探索导游管理的新方法、新途径，需要借助旅游移动电商平台，维护导游合法权益，提升导游服务质量，建立导游服务质量社会评价，推进导游体制改革和创新。

（一）建立导游信息库

依托旅游移动电商平台，通过收集优质导游的信息，整合建立导游的信息库。比如，以二维码作为导游唯一的电子名片信息，实现"一导一码"，为旅游者提供个性化、品质化服务，为旅游者使用导游服务提供网上操作平台，完善线路推荐、导游预约、在线支付、服务评价等服务功能。

（二）开发预约系统，实行分级管理

吸纳符合条件的导游加入平台，不断提高平台的人员数量；通过旅游移动电商平台的旅游者评价功能，评选出"金牌""银牌"等品牌导游；采用"分类管理"方法，提升导游队伍整体形象，达到"平台有人用、用完有人评"的目的；引导制定合理的导服费标准和收取机制，完善旅游者对导游服务的点评机制，发挥市场评价对导游服务质量监督和调节的积极作用。

（三）建立导游公共服务监管和保障平台

首先，制定相关的从业标准，规范自由执业行为。建立严格的旅游从业人员信用规章制度，对导游、领队人员及旅游者的违规违约、失信等情况进行警示曝光，实现旅游行业监督管理公开透明。

其次，建立档案管理，进行诚信评定，并为广大旅游者提供导游等从业人员信誉查询功能，通过手机等移动端快捷查询旅游从业人员的诚信情况，从而增强旅游诚信建设的能力和水平，推动旅游产业的健康发展。

最后，开发适当的险种，鼓励保险企业积极与新的市场需求对接，推出导游自由执业责任险等，化解导游带团风险，保障导游和旅游者的权益。针对导游自由执业期间发生的问题，明确各方需要承担的责任，为导游提供有效的保障。

（四）建立高效的运作机制

针对导游自由执业带来的市场监管和应急处理突发工作面临新挑战的情况，建立诸如"调解＋行政执法＋仲裁＋司法诉讼"四位一体的联合处理机制，及时处理纠纷，严厉打击侵害旅游者权益的行为。对于违反相关法律、不诚信的导游制定严格的惩罚措施，构建有效的导游退出和惩戒机制，净化旅游市场环境，提升旅游产业链运作质量。

总之，依托旅游移动电商平台开展线上自由执业，导游不再绑定于旅行社，导游服务作为旅游产业链上的关键元素，自主选择线上或线下平台，明码标价地被旅游者选择和购买。旅游者借助旅游移动电商能够"网约"导游，将导游的选择权归还给了旅游者，可以从根本上解决导游市场透明度不足的问题，让导游工作回归其讲解、向导服务的本位，由此形成良性循环，激发旅游市场活力。

五、创新政策帮扶体系

中国导游薪酬、职业发展等一直受制于导游与旅行社之间的关系。旅游移动电商导游平台从服务质量角度出发，以导游、旅游者与旅行社间的关系重构为基础，将导游薪酬及职业发展空间作为解决问题的重要手段，为化解导游困境提供了可资借鉴的模式和机制。但是，在当前相关政策缺失和不够明确的情况下，相关部门需要完善《中华人民共和国旅游法》等有关法规的实施细则和配套制度，通过积极有效的政策突破和创新来保障旅游移动电商导游平台商业模式的运行和实施。

第一，整合旅游市场监管的职能部门，明晰监管权责。依托导游平台，鼓励与支持行业协会、旅游者参与监督导游服务质量，形成良好的导游、旅游者、旅行社互动机制。

第二，完善相关法律规定，为旅游移动电商导游平台业务运行提供合法、合规性支持。明确导游归属和权利，创新与旅游移动电商导游平台相适应的导游派遣和雇佣制度；加强旅行社对导游的柔性管理，建立相对完备和灵活的薪酬机制、激励机制、执业保障机制等，构建科学合理的导游薪酬体系，增加导游职业的稳定性和吸引力，实现导游职业的良性发展。

第三，完善《中华人民共和国旅游法》的相关配套制度，建立健全导游的准入和退出机制，提高导游准入门槛，完善导游人员的考核、评价制度。

建立基于旅游移动电商导游平台的、体现其服务质量的薪酬制度和标准；运用"互联网＋"加强导游管理，整顿规范旅游贩物市场和自费景点，有效督促导游提升服务质量，逐步扭转导游和旅行社之间扭曲的利益关系，消除"回扣"的源头。

第四，结合《中华人民共和国劳动合同法》制定相应细则，妥善保障导游人员的各项职业权益。建立基于旅游移动电商导游平台的导游人员社会保险体系，建立导游社会保险基金，使导游人员在患病、生育、工伤、残废和退休时能依法获得帮助；劳动、人事部门应为导游等级评定、人才流动提供必要的保障，为实现中国导游职业的提升和终身化提供必要的条件。

参考文献

[1]   肖岚 . 低碳旅游理论与实践研究 [M]. 天津：天津大学出版社，2019.

[2]   梁学成 . 文化旅游产业与城市建设融合发展模式研究 [M]. 北京：中国社会科学出版社，2019.

[3]   佘曙初 . 区域文化资源与旅游产业经济协同发展研究 [M]. 北京：经济日报出版社，2019.

[4]   王成志 . 旅游产业集群驱动演化机制研究 [M]. 北京：中国旅游出版社，2019.

[5]   王庆生，胡宇橙，李烨，等 . 区域旅游产业可持续发展管理创新研究 [M]. 北京：科学出版社，2018.

[6]   汪清蓉，李飞，刘书安 . 低碳旅游产业发展模式研究 [M]. 北京：科学出版社，2018.

[7]   杨勇 . 移动电子商务对旅游产业链的影响与对策研究 [M]. 上海：上海交通大学出版社，2018.

[8]   刘军林，谭舒月 . 智慧旅游产业融合发展研究 [M]. 武汉：华中科技大学出版社，2018.

[9]   尹华光，姚云贵，熊隆友 . 旅游产业与文化产业融合发展研究 [M]. 北京：中国书籍出版社，2017.

[10]   易开刚 . 旅游产业转型升级理论与实践研究——基于浙江省的考察与实证 [M]. 杭州：浙江工商大学出版社，2017.

[11]   吕本勋 . 中国旅游产业升级的规模与效率研究 [M]. 北京：中国社会科学出版社，2016.

[12]   罗明义 . 旅游融合发展：旅游产业与相关产业 [M]. 北京：中国环境出版社，2016.

[13]   曾莉 . 信息技术在旅游产业融合发展中的作用研究——评《智慧旅游产业融合发展研究》[J]. 实验技术与管理，2019（10）：308.

[14] 杨慧，龙云飞．乡村旅游的低碳化转型升级研究 [J]．农业经济，2019（6）：53-54.

[15] 于志勇，郭子文．城市文化与旅游产业融合发展探究——以天津市滨海新区为例 [J]．领导科学论坛，2019（11）：29-33.

[16] 常承明．低碳旅游：一种新的旅游发展方式 [J]．新西部，2019（4）：68-69.

[17] 范建华，李林江．文旅融合趋势下的旅游产业高质量发展思考——以广西北海涠洲岛为例 [J]．南宁师范大学学报（哲学社会科学版），2020，41（1）：119-125.

[18] 刘颖异．中国旅游经济与电子商务融合发展探讨 [J]．商业经济研究，2019（21）：176-178.

[19] 王玉潇，刘汇，赵天成．低碳旅游出行选择行为机理及实证研究 [J]．科技经济市场，2019（3）：140-143.

[20] 曹小蓉．旅游产业发展与文化教育融合的理论与实践研究——评《旅游融合发展：旅游产业与文化产业》[J]．高教探索，2019（6）：140.

[21] 李宇佳，刘笑冰．结合国外经验论乡村振兴背景下中国旅游产业转型升级 [J]．农业展望，2019（6）：104-107.

[22] 戴克青，苏振，黄润．"互联网＋"驱动中国旅游产业创新的效率研究 [J]．华东经济管理，2019（7）：87-93.

[23] 蒋淇．"全域旅游"视角下旅游产业集群发展研究——以重庆铜梁为例 [J]．柳州职业技术学院学报，2019（1）：14-18.

[24] 蒋心路．浅谈如何使低碳经济与区域经济协调发展 [J]．市场周刊，2019（7）：47-48.

[25] 马月琴．中国旅游业低碳竞争力评价及其时空分布特征 [J]．河北企业，2019（6）：96-97.

[26] 崔宁．产业升级视域下乡村旅游个性化创意旅游规划研究 [J]．农业经济，2019（9）：51-53.

[27] 杨环焕．产业融合背景下的文化旅游产业发展 [J]．旅游纵览（下半月），2018（22）：150-153.

[28] 陈琪．文化创意产业和旅游业之间融合模式研究 [J]．世界家苑·学术，2018（9）：6-8.

[29] 周小勇 . 移动互联网驱动旅游产业转型升级的机理与路径研究 [J]. 企业改革
与管理，2019（2）：54–55.

[30] 王钰莹 . 基于信息技术的文化旅游发展研究 [J]. 合作经济与科技，2019（3）：
20–21.

[31] 王凯，杨亚萍，张淑文，等 . 中国旅游产业集聚与碳排放空间关联性 [J]. 资
源科学，2019（2）：362–371.

[32] 张丹 . 经济新常态下的我国旅游产业关联效应——评《旅游经济投入产出分
析》[J]. 统计与决策，2019，35（10）：2–189.

[33] 杨小兵 . 信息技术在导游业务教学中的应用 [J]. 现代职业教育，2018（12）：
40–41.

[34] 周春波 . 文化产业与旅游产业融合动力：理论与实证 [J]. 企业经济，2018（8）：
146–151.

[35] 刘军林 . 旅游供应链重构与响应时效研究 [J]. 商业经济研究，2017（22）：
179–181.

[36] 夏杰长，徐金海 . 以供给侧改革思维推进旅游公共服务体系建设 [J]. 河北学刊，
2017（3）：126–130.

[37] 李科，李英 . 旅游业中移动电子商务的营销模式研究 [J]. 太原城市职业技术
学院学报，2017（6）：20–23.